Manual de Introdução ao Direito

Manual de Introdução ao Direito

SABER DIREITO PARA ENTENDER O MERCADO

2012

Maria Manuel Leitão Marques
Maria Elisabete Ramos
Catarina Frade
João Pedroso

MANUAL DE INTRODUÇÃO AO DIREITO
AUTORES
Maria Manuel Leitão Marques
Maria Elisabete Ramos
Catarina Frade
João Pedroso
EDITOR
EDIÇÕES ALMEDINA, S.A.
Rua Fernandes Tomás, n.ºs 76-80
3000-167 Coimbra
Tel.: 239 851 904 · Fax: 239 851 901
www.almedina.net · editora@almedina.net
DESIGN DE CAPA
FBA.
PRÉ-IMPRESSÃO
EDIÇÕES ALMEDINA, S.A.
IMPRESSÃO E ACABAMENTO
NORPRINT
Outubro, 2012
DEPÓSITO LEGAL
350460/12

Apesar do cuidado e rigor colocados na elaboração da presente obra, devem os diplomas legais dela constantes ser sempre objeto de confirmação com as publicações oficiais.
Toda a reprodução desta obra, por fotocópia ou outro qualquer processo, sem prévia autorização escrita do Editor, é ilícita e passível de procedimento judicial contra o infrator.

 GRUPOALMEDINA

BIBLIOTECA NACIONAL DE PORTUGAL – CATALOGAÇÃO NA PUBLICAÇÃO

MANUAL DE INTRODUÇÃO AO DIREITO

Manual de introdução ao direito / Maria Manuel
Leitão Marques... [et al.]. - (Manuais universitários)
ISBN 978-972-40-4978-6

I – MARQUES, Maria Manuel Leitão, 1952-

CDU   340

ÍNDICE

SIGLAS 7

INTRODUÇÃO
    Maria Manuel Leitão Marques 9

CAPÍTULO 1 – O DIREITO E A VIDA SOCIAL – A ORDEM JURÍDICA
    Maria Elisabete Ramos 13

CAPÍTULO 2 – A CONSTITUIÇÃO E O ESTADO DE DIREITO
    João Pedroso 57

CAPÍTULO 3 – O DIREITO DA UNIÃO EUROPEIA
    Catarina Frade 73

CAPÍTULO 4 – AS PESSOAS E OS DIREITOS
    Catarina Frade 91

CAPÍTULO 5 – OS CONTRATOS E A RESPONSABILIDADE CIVIL
    Maria Elisabete Ramos 107

CAPÍTULO 6 – O DIREITO DAS EMPRESAS
    Maria Elisabete Ramos 123

CAPÍTULO 7 – A INTERVENÇÃO DO ESTADO NA ECONOMIA
    Maria Manuel Leitão Marques 139

CAPÍTULO 8 – A TUTELA DOS DIREITOS E A RESOLUÇÃO DE LITÍGIOS
    João Pedroso 195

SIGLAS

AdC	–	Autoridade da Concorrência
AR	–	Assembleia da República
BCE	–	Banco Central Europeu
BFD	–	Boletim da Faculdade de Direito
BMJ	–	Boletim do Ministério da Justiça
CA	–	Código Administrativo
CC	–	Código Civil
CCom.	–	Código Comercial
CCoop.	–	Código Cooperativo
CEE	–	Comunidade Económica Europeia
CES	–	Conselho Económico e Social
CIRE	–	Código da Insolvência e da Recuperação de Empresas
CMVM	–	Comissão do Mercado de Valores Mobiliários
CP	–	Código Penal
CPA	–	Código do Procedimento Administrativo
CPC	–	Código de Processo Civil
CPCJ	–	Comissões de Proteção de Crianças e Jovens
CPI	–	Código da Propriedade Industrial
CRCom.	–	Código do Registo Comercial
CRP	–	Constituição da República Portuguesa
CSC	–	Código das Sociedades Comerciais
CSDN	–	Conselho Superior de Defesa Nacional
CSM	–	Conselho Superior da Magistratura
CT	–	Código do Trabalho
CVM	–	Código dos Valores Mobiliários
DL	–	Decreto-Lei
EPE	–	Entidade Pública Empresarial

ERC	–	Entidade Reguladora para a Comunicação Social
IRC	–	Imposto sobre o Rendimento das Pessoas Coletivas
IVA	–	Imposto sobre o Valor Acrescentado
LdC	–	Lei da Concorrência
MP	–	Ministério Público
ONGs	–	Organizações Não-Governamentais
ONU	–	Organização das Nações Unidas
PE	–	Parlamento Europeu
PM	–	Primeiro-Ministro
PPP	–	Parceria Público-Privada
PR	–	Presidente da República
PSP	–	Polícia de Segurança Pública
RAL	–	Resolução Alternativa de Litígios
RCC	–	Regulamento relativo ao Controlo das Concentrações
RJCS	–	Regime Jurídico do Contrato de Seguro
RRNPC	–	Regime do Registo Nacional de Pessoas Coletivas
SA	–	Sociedade Anónima
SEE	–	Setor Empresarial do Estado
TC	–	Tribunal Constitucional
TFUE	–	Tratado sobre o Funcionamento da União Europeia
TJUE	–	Tribunal de Justiça da União Europeia
TUE	–	Tratado da União Europeia
UE	–	União Europeia
UEM	–	União Económica e Monetária

INTRODUÇÃO

Maria Manuel Leitão Marques

O mercado e a economia de mercado
O mercado, o local onde os agentes económicos trocam livremente bens e serviços por uma unidade monetária ou por outros bens e serviços, é uma noção vulgarizada no senso comum. O mesmo sucede com o conceito de *economia de mercado*, aquela que assenta na propriedade e na iniciativa económica privadas e na livre concorrência. *A contrario*, deduz-se que se trata de uma economia onde a iniciativa económica do Estado, mesmo que importante, é complementar ou residual.

A economia de mercado tem na *liberdade de iniciativa económica e concorrência* a sua marca genética, na medida em que delas depende o livre jogo de mercado conducente ao equilíbrio entre a oferta e a procura, ainda que a concorrência não exclua a cooperação entre empresas.

Estas noções básicas de mercado e de economia de mercado podem ser mais sofisticadas e representadas em modelos abstratos muito elaborados: modelos de mercados em concorrência pura e perfeita ou modelos de mercados em concorrência imperfeita, sendo estes os mais comuns. Seja qual for o caso, as caraterísticas essenciais do mercado e da economia de mercado devem manter-se. Não faria sentido, por exemplo, chamar economia de mercado a uma economia em que todos os setores de atividade funcionassem em regime de monopólio privado ou de monopólio público. Nessa economia, nem a liberdade de iniciativa económica, nem a livre concorrência estariam asseguradas.

O Direito, o mercado e a concorrência

À luz do entendimento mais corrente do que é o mercado, quase poderíamos pensar que se trata de um pressuposto da vida em sociedade, semelhante ao ar que respiramos, bastando-se a si próprio para assegurar o bom funcionamento da economia. "Não perturbemos o livre funcionamento do mercado e deixemos fluir a concorrência" que tudo correrá de forma equilibrada, deveria ser então a conclusão óbvia a retirar de tal entendimento, caso ele refletisse a realidade.

Contudo, a realidade nem sempre é o que parece e muito menos o que desejamos que ela seja. O mercado tem falhas, há "monopólios naturais", externalidades negativas, a livre concorrência elimina-se frequentemente a si própria se não for devidamente protegida.

Na verdade, tanto o *mercado* como a *concorrência*, como os conhecemos atualmente, são também *construções jurídicas*. Não há mercados totalmente desregulados. Sem o Estado e o direito a garantir, a nível *micro*, a confiança e a segurança das relações entre particulares, o que compreende, entre outros aspetos, o direito dos contratos e das sociedades comerciais, e, a nível *macro*, a liberdade de iniciativa económica e a livre concorrência, o mercado não funcionaria regularmente, correndo o risco de colapsar. Ou seja, tanto as relações entre particulares que alimentam o dia a dia do mercado, como os seus pressupostos, as condições de base do seu funcionamento, têm de ser garantidos por uma intervenção pública multifacetada, por vezes expressa em direitos e obrigações constitucionalmente protegidos. Por mais estranho que possa parecer é a intervenção do Estado na economia, através do direito, que protege o mercado da sua autodestruição.

Para além disso, o equilíbrio de todas as sociedades modernas, umas mais do que outras é certo, não se basta com a proteção do livre funcionamento do mercado. Não chega suprir as suas falhas e garantir a concorrência. É preciso também proteger outros *valores essenciais ao bem-estar social* que não têm natureza mercantil: valores de natureza ambiental, como a qualidade da água que bebemos; de natureza cultural, como o património que a história nos legou; de natureza social, como o emprego e a proteção no desemprego, o apoio aos mais desfavorecidos e a saúde; ou ainda de natureza securitária, em diferentes vertentes, desde a segurança do dinheiro que poupamos, até à da casa onde vivemos, passando pela segurança daquilo que comemos. Ora, muitas vezes essa proteção exige condicionar ou restringir o livre funcionamento do mercado, orientando-o em determinados sentidos socialmente relevantes, o que é conseguido através da regulação pública da economia.

Em suma, numa economia de mercado, por mais liberal que seja o seu funcionamento, *o direito desempenha um papel essencial e estruturante, na organização privada do mercado, na garantia da liberdade de iniciativa económica e de concorrência. E ainda é indispensável para a proteção pública de outros valores socialmente relevantes, que o mercado por si só não assegura ou com os quais é suscetível de colidir.*

Saber Direito para entender o mercado
Para quem gere uma empresa, uma carteira de negócios ou qualquer outra atividade económica, pública ou privada, torna-se, por isso, indispensável conhecer não apenas os instrumentos jurídicos da organização privada do mercado – o que é um contrato, como se constitui uma sociedade comercial, etc. –, mas também os principais objetivos, fundamentos, agentes e as áreas de incidência da regulação pública da economia – como se licencia uma empresa ou como se autoriza uma concentração de empresas.

Com maior ou menor visibilidade, trata-se de questões que estão presentes no nosso dia a dia, que condicionam as decisões de investimento, que interferem no seu risco e nos seus resultados.

O principal objetivo deste livro é o de fornecer a gestores, economistas, engenheiros e outros profissionais, ainda estudantes ou já inseridos no mercado de trabalho, noções gerais de direito úteis para sua formação e para a sua atividade profissional corrente. Foi feito de uma forma simples, de modo a permitir-lhes saber o essencial e, a partir daí, se assim o entenderem e necessitarem, procurar outros conhecimentos mais aprofundados sobre este ou aquele tema, através de investigação própria ou com a ajuda de especialistas do Direito.

Este livro
A seleção dos temas desenvolvidos neste livro foi feita com base na experiência dos autores, que durante vários anos ensinaram direito a alunos de gestão e de economia em cursos de licenciatura, pós-graduações, MBA e mestrados. Teve ainda em conta a experiência profissional de antigos alunos da Faculdade de Economia da Universidade de Coimbra, hoje gestores em diferentes posições e áreas dos setores privado e público, a quem agradecemos a preciosa colaboração.

Assim, apresentam-se, em primeiro lugar, as funções e as características da ordem jurídica, os seus efeitos e as principais fontes de direito (Capítulo 1). Depois disso, mostra-se como a Constituição da República conforma o Estado de direito democrático e quais são os seus princípios fundamentais (Capítulo 2). Análise em tudo semelhante é feita do direito da União Europeia, considerando o seu peso e influência na ordem jurídica portuguesa (Capítulo 3). A seguir, estudam-se as pessoas singulares e coletivas, incluindo a aquisição de personalidade e capacidade jurídicas, e os seus direitos patrimoniais, como os direitos de crédito ou de propriedade, e não patrimoniais, como os direito de personalidade (Capítulo 4). O capítulo seguinte é dedicado às fontes das obrigações, em especial aos contratos e à responsabilidade civil (Capítulo 5), seguindo-se o estudo do direito das empresas, nomeadamente a constituição de sociedades comerciais (Capítulo 6). Apresentam-se depois os instrumentos de intervenção do Estado na economia, quer na qualidade de empresário, quer na de regulador, incluindo o direito da concorrência (Capítulo 7). Termina-se com o estudo da tutela dos direitos, ou seja, do modo como os direitos podem ser defendidos e os litígios resolvidos, sejam estes entre particulares ou entre estes e o Estado, por via judicial ou extrajudicial (Capítulo 8).

Esperamos, para terminar, que a interação que esteve na base deste livro para a seleção dos temas nele desenvolvidos se mantenha a partir de agora com todos os leitores, de tal modo que próximas edições possam cumprir melhor o objetivo que presidiu a esta iniciativa. O nosso *email* profissional, disponível no sítio da Faculdade de Economia da Universidade de Coimbra (www.fe.uc.pt), fica assim à disposição de todos para comentários e sugestões que julguem pertinentes.

Capítulo 1
O Direito e a vida social – a ordem jurídica

Maria Elisabete Ramos

1. O Direito e a vida social
Atos banais como comprar um livro, viajar em um transporte público, assistir a um espetáculo ou jantar num restaurante são relevantes para o Direito. Operações quotidianas das empresas como adquirir material de escritório ou contratar serviços de limpeza obedecem a normas do Direito, ou seja, a *normas jurídicas.*

O direito *pressupõe a existência social de pessoas e entidades.* É natural que o quotidiano de cidadãos e de empresas decorra sem a invocação de leis, de códigos ou de tratados internacionais. É até desejável que direitos, deveres e responsabilidades sejam espontaneamente observados e respeitados.

Efetivamente, o Direito prevê padrões de conduta, define deveres, fixa responsabilidades que visam ordenar a convivência social e evitar ou reduzir os conflitos. Se cada cidadão ou empresa souber de antemão quais são os seus direitos, as obrigações que deve cumprir e as responsabilidades que lhe cabem, é de esperar que adeque o seu comportamento e as suas decisões a esses padrões prévios e objetivos.

Apesar desse pressuposto de cumprimento voluntário das obrigações, na verdade, a convivência social é potenciadora de conflitos. Os recursos disponíveis são escassos e as necessidades são ilimitadas. O que determina que a contraposição de interesses entre pessoas seja inevitável. Por exemplo, quem tem um bem para vender quer aliená-lo pelo melhor preço e quem precisa desse bem quer gastar o menos possível. A maior parte das vezes as pessoas chegam a acordo sobre a composição de interesses antagónicos. E, assim, comprador e vendedor concordam quanto às condições em que é feita a venda. Também, frequentemente, a palavra dada é respeitada, os contratos e negócios são cumpridos espontaneamente, o Estado respeita os direitos dos cidadãos e empresas e as instituições funcionam regularmente. Mas nem sempre assim acontece.

O *conflito* é uma realidade presente nas nossas sociedades. Sejam os conflitos entre cidadãos, sejam os conflitos que envolvam as empresas ou o Estado. É em situações de conflito, de litígio e de disputa que o Direito adquire maior visibilidade. É nessa circunstância que são convocadas "leis", "decretos-leis", disposições de "códigos", "sentenças judiciais". Mas também é nessas situações de conflito que intervêm "polícias", "advogados" "juízes", "tribunais", "Ministério Público" e que são usados instrumentos como "ações judiciais", "queixas", "denúncias", "provas", "julgamentos".

É certo que também outras normas de convivência social (normas de trato social, de etiqueta, morais, religiosas[1]) condicionam a existência das pessoas e as suas decisões. As normas jurídicas visam a *Justiça*, garantem o respeito pela dignidade da pessoa humana. A Justiça reúne um "conjunto de valores que impõem ao Estado e a todos os cidadãos a obrigação de dar a cada um o que lhe é devido em função da dignidade da pessoa humana" (Amaral, 2004: 117). Outras normas (de trato social, de etiqueta, morais ou religiosas) são motivadas por outras preocupações e não são garantidas pelo aparelho coercivo do Estado[2].

Num Estado laico e respeitador do princípio da igualdade, "todos os cidadãos têm a mesma dignidade social e são iguais perante a lei" (art. 13º, 1 da CRP). As normas jurídicas aplicam-se independentemente da convicção religiosa, política ou filosófica dos destinatários, da condição social ou do género.

Existindo uma situação de conflito, os cidadãos têm ao seu dispor critérios e instrumentos jurídicos que são *justos e racionais*. A confiança na justiça das decisões e dos procedimentos é, também ela, indutora de paz social.

---

[1] Cfr.. *infra* nº 3.
[2] Cfr. *infra* nº 3.

2. A ordem jurídica
2.1. Caraterização genérica da ordem jurídica
O Direito é uma realidade multissecular, complexa e em permanente renovação. Pese embora a sua diversidade, o direito não é um caos; ele está organizado em uma ordem – a chamada *ordem jurídica*. Se atendermos aos elementos que a compõem, a *ordem jurídica* pode ser caraterizada como *o sistema constituído por princípios fundamentais, normas jurídicas, pensamento jurídico e instituições jurídicas*.

Este sistema regulador de pessoas e empresas atribui poderes e direitos, impõe deveres e prescreve responsabilidades.

2.2. Elementos integrantes da ordem jurídica
2.2.1. Os princípios fundamentais
O direito destina-se a resolver conflitos concretos, sendo que a decisão desse conflito está legitimada pela Justiça. Se podemos dizer que cada um dos patamares ou estratos da ordem jurídica (princípios fundamentais, normas jurídicas, pensamento jurídico e instituições) concorre para a solução de conflitos concretos, é *diverso* o contributo de cada um.

Os *princípios fundamentais*, como, por exemplo, o princípio da dignidade da pessoa humana (art. 1º da CRP) ou o princípio da igualdade (art. 13º da CRP), não resolvem imediatamente um caso concreto, mas constituem o fundamento de todo o sistema.

Na verdade, esses princípios não oferecem o critério preparado para a solução de um conflito concreto porque, por natureza, são abertos, porosos e necessitam de ser concretizados. Por exemplo, o princípio da dignidade da pessoa humana não é apto a resolver a disputa entre consumidores e empresa sobre se a deficiência de um determinado eletrodoméstico está ou não coberta pela garantia. Os princípios fundamentais são concretizados em normas jurídicas que, de forma direta e imediata, apresentam critérios de resolução de conflitos.

2.2.2. As normas jurídicas
As *normas jurídicas* apresentam soluções para *casos concretos*. Por exemplo, o problema de saber quem tem prioridade num determinado cruzamento é resolvido pelas normas do Código da Estrada sobre a prioridade. As normas jurídicas são *critérios jurídicos para a resolução de problemas concretos*.

A norma jurídica completa tem uma *estrutura* específica – *hipótese* e *estatuição*. Na *hipótese* é representada uma determinada situação objetiva (uma certa situação de facto); na *estatuição ou injunção* são previstas as consequências ou os efeitos jurídicos associados à verificação da hipótese.

> Exemplo: Art. 131.º do CP
> "Quem matar outra pessoa é punido com pena de prisão de 8 a 16 anos".
> *Hipótese:* "Quem matar outra pessoa"
> *Estatuição:* "é punido com pena de prisão de 8 a 16 anos"

É usual dizer-se que as normas jurídicas são *gerais* e *abstratas*.

A norma diz-se *geral* porque se aplica a uma categoria de pessoas e não a uma pluralidade de pessoas determinadas no momento da sua elaboração.

A norma diz-se *abstrata* porque é elaborada tendo por referência uma categoria de situações e não um caso concreto específico.

Em regra, as normas provêm do Estado, em particular dos órgãos de soberania com poder legislativo. São exemplos de normas estaduais as contidas em Leis da Assembleia da República ou em Decretos-Leis do Governo.

A maioria das normas jurídicas aprovadas pelo Estado é *imperativa*. Dizem-se imperativas as normas que se aplicam aos destinatários independentemente da vontade ou da aceitação destes. É o que acontece com a norma jurídica que proíbe o crime de homicídio (art. 131º do CP) ou com as normas tributárias que obrigam cidadãos e empresas a pagar impostos.

Ao contrário das normas imperativas, as normas *dispositivas* podem ser afastadas "pela vontade dos interessados, estabelecendo eles próprios a regulamentação das suas relações" (Silva, 2009: 193). É o caso da norma que diz que, na falta de convenção em contrário, as despesas do contrato de compra e venda ficam a cargo do comprador (art. 878º do CC).

Há ainda a considerar a realidade vulgarmente designada como *"soft law"*. A designação é muito abrangente e, por isso, necessita de ser delimitada. Estamos a falar de *conjunto de regras que, constituindo modelos de atuação recomendada, não são obrigatórias para os agentes económicos*.

Podem ser elaboradas pelo Estado ou por entidades da Administração pública, por intermédio dos seus órgãos, por instituições da União Europeia e, ainda, por entidades privadas. Pense-se, por exemplo, nas recomendações emitidas pela Autoridade da Concorrência ou pela Comissão do Mercado de Valores Mobiliários, nas Orientações elaboradas pela Comissão Europeia ou nos Códigos de Conduta ou Códigos de Bom Governo elaborados por organizações públicas ou privadas.

Não raras vezes, o *soft law* corresponde a uma forma de *autorregulação*. As empresas ou as associações de determinado setor concordam em seguir determinadas regras reconhecidas por todas como geradoras de boas práticas. Esta autorregulação constitui, por vezes, uma versão preparatória de futura legislação de caráter obrigatório, em especial quando o Estado reconhece que não bastam normas de cumprimento voluntário, substituindo assim o «*soft law*» por «*hard law*».

2.2.3. O pensamento jurídico

Outro dos estratos da ordem jurídica é constituído pelo trabalho e contributo dos *juristas*. O trabalho dos juristas que é relevante para o tema aqui tratado – os vários níveis da ordem jurídica – traduz-se na aplicação dos princípios fundamentais (vagos e abertos por natureza) e das normas jurídicas (gerais e abstratas) a conflitos concretos (singulares, específicos e, muitas vezes, não resolvidos expressamente na lei). Esta importante tarefa é cumprida pela *doutrina* e pela *jurisprudência*.

A *doutrina* pode ser definida como o "conjunto das noções, teorias e opiniões, formuladas por escrito pelos teóricos da Ciência do Direito" (Amaral, 2004: 427). A doutrina esclarece o sentido do direito vigente e propõe novas soluções. Exemplo de doutrina é a opinião defendida por um jurista em um parecer jurídico. Pense-se, por exemplo, no parecer elaborado por um reputado professor universitário sobre uma questão jurídica suscitada num caso concreto que está a ser julgado em tribunal.

A *jurisprudência* é constituída pelo *conjunto das orientações seguidas pelos tribunais na decisão de casos concretos*. Exemplos de jurisprudência são as sentenças, os acórdãos ou os despachos. Os juízes, porque lidam diariamente com casos concretos, estão particularmente habilitados a explicar o sentido das normas e dos princípios jurídicos e a apontar as insuficiências e lacunas da ordem jurídica.

2.2.4. As instituições

Outro dos patamares da ordem jurídica é constituído pelas instituições. O direito existe para ser aplicado. Ou seja, para resolver casos concretos, conflitos concretos. Por isso, a ordem jurídica integra também instituições vocacionadas para a aplicação do direito na vida das pessoas e das empresas. A palavra "instituição" deriva de *institutio, instituere* que pode definir-se "como o que está ou permanece numa sociedade em evolução" (Justo, 2011: 16).

As instituições visam "fixar ou estabelecer qualquer coisa" e visam "ordenar, dar um ordenamento próprio a essa qualquer coisa" (Machado, 1987:14). Assim fala-se em instituição hospitalar ou na instituição universitária.

Estas duas ideias próprias das instituições em geral – permanência e ordenação – também estão presentes nas instituições jurídicas. Assim, a ordem jurídica define com caráter de permanência e estabilidade os *modos de proceder* e os *órgãos competentes* para aplicação do direito. Como exemplos das normas de proceder, vejam-se as normas do processo civil, do processo penal, do procedimento administrativo ou as normas sobre a interpretação jurídica e a hierarquia das fontes[3].

Quanto aos órgãos, a ordem jurídica regula a sua criação, define a sua organização e prevê o seu estatuto (que compreende os poderes, atribuições e competências). Considerem-se, a título de exemplo, o *aparelho estadual de coação*, composto por tribunais e Administração pública. Ou ainda as autoridades que regulam determinado setor da economia, como, por exemplo, a CMVM.

2.3. Caraterísticas da ordem jurídica
2.3.1. Enunciação

A ordem jurídica apresenta as seguintes caraterísticas: *a*) natureza sistemática; *b*) vocação comunitária; *c*) objetividade; *d*) caráter vinculativo.

2.3.2. Natureza sistemática

Os vários elementos que integram a ordem jurídica organizam-se em um *sistema*. A *natureza sistemática* da ordem jurídica manifesta-se nos seguintes aspetos: *a*) há princípios fundamentais que enquadram e condicionam todo

---

[3] Cfr. *infra*.

o conjunto (por exemplo, o princípio da dignidade da pessoa humana); *b*) as várias normas são arrumadas em grandes divisões (os ramos de direito) e, por sua vez, organizadas por matérias; *c*) há regras jurídicas que solucionam os conflitos de normas no tempo e no espaço; *d*) há critérios para interpretação das normas e para a integração das lacunas; *e*) há mecanismos que asseguram, tanto quanto é possível, a aplicação uniforme do direito (como sejam, por exemplo, os recursos interpostos para tribunal superior ou os acórdãos de uniformização de jurisprudência).

2.3.3. Vocação comunitária
A ordem jurídica pressupõe a vida em sociedade e destina-se a regular a comunidade social. O direito e a ordem jurídica constituem-se como "um sistema de controlo social". O que quer significar que a ordem jurídica *condiciona* as escolhas, os comportamentos e as decisões, sejam de cidadãos, sejam de empresas. Há comportamentos, negócios, práticas e opções que são permitidas ou até estimuladas (por exemplo, criação de empresas), há realidades que são toleradas (por exemplo, sociedades reduzidas a um único sócio) e há comportamentos ou factos que são completamente proibidos e severamente sancionados (por exemplo, os crimes). A ordem jurídica distingue-se de outras ordens normativas porque avalia os comportamentos e decisões de pessoas e empresas em termos de justo/injusto, lícito/ilícito, legal/ilegal.

Inequivocamente, a atividade empresarial é condicionada e orientada pela ordem jurídica. Sejam os requisitos burocráticos que o Estado exige que as empresas cumpram, seja a eliminação dos custos de contexto para estimular a atividade empresarial, sejam os negócios que necessitam de licenças ou outras permissões administrativas, sejam as normas que protegem a concorrência ou que impõem a divulgação de informação ao mercado, etc. Há atividades vedadas à iniciativa privada; há bens insuscetíveis de apropriação privada (art. 84º da CRP); há atividades económicas cujo exercício está condicionado e necessita de uma autorização administrativa especial (por exemplo, a atividade bancária ou seguradora).

2.3.4. Objetividade
A ordem jurídica fornece critérios e preceitos que são anteriores ao sujeito, perdurarão depois dele e agirão sobre ele.

A existência e aplicação das normas (imperativas) não depende imediatamente do acordo ou aceitação pessoal dos membros da comunidade individualmente considerados. As instituições (por exemplo, tribunais, Administração pública) funcionam de acordo com as normas legais, ainda que os membros da comunidade discordem delas. Fala-se, a este propósito, de *direito em sentido objetivo* como o "conjunto de regras impessoais e abstratamente enunciadas" (Silva, 2009: 34). O direito enquanto norma diz-se objetivo porque está acima e transcende os indivíduos que governa (Silva, 2009: 34).

A faculdade de cada indivíduo gerir o seu espaço de liberdade e de compor, como lhe aprouver, os seus interesses é exercida através do *direito subjetivo* e *da autonomia privada*. Mas também estes têm de ser exercidos nos limites da lei e da ordem jurídica.

Não podemos desvalorizar a contestação social e a revolução enquanto forças modificadoras do regime político, económico e social e da ordem jurídica como um todo. Na verdade, a revolução produz a rutura com a ordem vigente e ergue uma nova ordem ou um novo fundamento de validade (Amaral, 2004: 485).

2.3.5. Caráter vinculativo

O caráter vinculativo da ordem jurídica manifesta-se no facto de os critérios jurídicos serem obrigatórios para os cidadãos e empresas. Revestida de *legitimidade democrática*, a ordem jurídica subordina os cidadãos que lhe devem obediência. Tal autoridade (poder organizado e institucionalizado) manifesta-se no facto de os órgãos por ela instituídos (por exemplo, tribunais, entidades administrativas, polícias) serem titulares de um poder autoritário – o poder de impor, de mandar, de executar – exercido no contexto do Estado.

A obrigatoriedade não equivale a arbitrariedade. As normas são elaboradas por quem tem *legitimidade* para tanto e de um *modo*, também ele, legitimado. Ou seja, as instituições funcionam no respeito por regras que são legitimadas democraticamente.

Considerem-se, por exemplo, as normas elaboradas no âmbito do poder legislativo da Assembleia da República (arts. 164º e 165º da CRP), seguindo o processo legislativo consagrado constitucionalmente. Sendo tais normas obrigatórias para cidadãos e empresas, elas são legitimadas democraticamente. A composição da Assembleia da República resulta de uma eleição democrática e, por isso, as normas elaboradas por este órgão de soberania (art. 110º da CRP) são fundadas em legitimidade democrática.

Frequentemente, no âmbito do processo legislativo, há também consultas obrigatórias aos cidadãos afetados pelas leis, através de organizações representativas (por exemplo, associações de consumidores, ordens profissionais, associações sindicais).

2.4. A legitimação do uso da força
2.4.1. A necessidade da coação
O Direito existe para ser cumprido. Quer-se que os padrões de conduta apresentados pelo Direito (por exemplo, os contratos devem ser pontualmente cumpridos, nos termos do art. 406º, 1 do CC) sejam efetivamente respeitados pelos destinatários de tais prescrições.

Sabe-se que não basta a existência da norma para que ela seja efetivamente respeitada. Subsiste a possibilidade de as normas jurídicas sem infringidas ou desrespeitadas.

O incumprimento das normas pode ter consequências muito importantes na comunidade. O incumprimento do contrato pode gerar danos para o credor da obrigação não cumprida, a prática de crimes faz vítimas e intranquiliza a sociedade, a evasão fiscal priva o Estado de recursos para cumprir a suas missões, o desrespeito das regras de trânsito gera sinistralidade rodoviária (mortes na estrada, incapacidades de vária ordem, danos patrimoniais, aumento dos prémios de seguro automóvel, etc.).

Ainda que o Direito não se identifique com a força, ele usa-a para garantir a efetividade das suas normas e prescrições. Exemplos do uso da força são a prisão preventiva para garantir que a investigação do crime se faz sem perturbação e que o suspeito não foge; a penhora de bens para garantir o cumprimento de uma dívida; a detenção de um criminoso em flagrante delito; as buscas domiciliárias para obter provas no contexto de uma determinada investigação; a apreensão de bens contrafeitos para impedir violações do direito à marca; o embargo de obras para impedir que sejam feitas em violação da lei, etc.

O Estado, democraticamente legitimado é detentor do chamado *aparelho estadual de coação* que visa garantir o Direito e os direitos dos cidadãos. O uso da força *não pode ser arbitrário*. Se for, deixa de ser legítimo (pense-se, por exemplo, no uso de tortura no interrogatório de suspeitos de crimes).

2.4.2. Sanção, coação, coercibilidade

Deve ser estabelecida a distinção entre *sanção*, *coação* e *coercibilidade*.

A palavra *sanção* tem um sentido ligado à sua raiz etimológica que significa tornar sagrado, inviolável (Justo, 2011: 156). A partir deste sentido geral, podemos, juridicamente, distinguir entre sanção *positiva* e *negativa*.

A *sanção positiva* consiste em uma consequência benéfica para o destinatário (por exemplo, as isenções fiscais, ou a atribuição de um subsídio). Neste caso, o direito exerce a sua função promocional. Em geral, às sanções positivas falta autonomia pois elas confundem-se com os efeitos das normas jurídicas.

A *sanção negativa* consiste *na reação desfavorável associada à violação da norma jurídica*. Como exemplos de sanções jurídicas negativas podemos apontar a nulidade, a pena criminal de dissolução de pessoas jurídicas, a obrigação de indemnizar, a pena de prisão ou a pena de multa, as coimas, as medidas de segurança, a sanção pecuniária compulsória, etc.

A sanção (negativa) não se identifica com a *coação*. A coação é a "força (física ou psicológica) que acompanha o direito" (Justo, 2009:33) Na verdade, muitas das normas são observadas espontaneamente e, por isso, não necessitam da coação. Por outro lado, há sanções que operam os seus efeitos sem necessidade do uso da força (por exemplo, a nulidade dos negócios jurídicos). Por outro lado, há medidas coativas aplicadas pelo direito que não constituem verdadeira e rigorosamente a sanção (por exemplo, buscas domiciliárias para obtenção de provas). As buscas domiciliárias não são a sanção, são, antes, um meio de reunir provas que poderão até determinar que, apurados os factos, não haja aplicação de qualquer sanção.

A *coercibilidade* exprime a "ameaça de uma sanção efetiva" (Machado, 1987: 36). É de esperar que a coercibilidade motive os cidadãos e as empresas a respeitarem as normas jurídicas. Na verdade, em muitos casos, a possibilidade de aplicação de uma sanção evita o incumprimento da norma.

2.4.3. O poder estadual de sancionar

A regra é a de que cabe apenas ao Estado o poder de sancionar e de usar a força para garantir a vigência do direito. Mais especificamente, é o Estado, por intermédio dos seus órgãos e serviços, que aplica as medidas sancionatórias e, em particular, as medidas punitivas. Por exemplo, compete aos tribunais condenar os cidadãos na pena de prisão pela prática de crimes.

Em regra, cidadãos e empresas não estão autorizados a reagir privadamente a agressões ilícitas. Se uma pessoa sofrer um furto na sua casa e, após a ocorrência, souber onde se encontra a peça furtada, a ordem jurídica não autoriza que a pessoa vítima do crime arrombe a porta da casa onde se encontra a peça furtada. Para recuperar a peça, o proprietário deverá recorrer às autoridades competentes (por exemplo, apresentar queixa-crime junto da polícia ou do Ministério Público).

A regra é a da *proibição da vingança privada*. Esta regra está consagrada no art. 1º do CPC. Determina esta norma que "a ninguém é lícito o recurso à força com o fim de realizar ou assegurar o próprio direito, salvo nos casos e dentro dos limites declarados na lei".

A *justiça privada* – ou seja, aquela que é realizada pelos próprios cidadãos – é *admitida em casos excecionais*. É lícita nos casos expressamente previstos na lei. Exemplos lícitos de justiça privada são a ação direta (art. 336º do CC), a legítima defesa (art. 337º do CC) ou o direito de retenção (art. 754º do CC).

Para a realização desta tutela pública dos direitos dos cidadãos, o Estado dispõe de entidades como sejam as polícias, os tribunais, o Ministério Público ou a Administração pública.

O Estado detém o *poder exclusivo* de aplicar sanções criminais (arts. 41º, ss do CP). Exemplos de sanções criminais são a pena de prisão, a pena de multa, o trabalho a favor da comunidade ou a pena de dissolução de pessoas coletivas.

2.5. Efeitos da ordem jurídica
2.5.1. Certeza jurídica
A existência de uma ordem jurídica promove a *certeza jurídica*. Havendo modelos de comportamento e sanções previamente definidos (anteriores aos singulares e concretos comportamentos das pessoas), cada um pode conhecer previamente os padrões de comportamento e as consequências da infração. Esta possibilidade de conhecimento prévio dos comportamentos permitidos e proibidos permite que cada um planeie ações futuras.

A este efeito dá-se o nome de *certeza jurídica*. Consiste ela em *saber-se de antemão quais os comportamentos a adotar e quais os efeitos que tais comportamentos podem provocar*.

Este efeito é particularmente relevante para empresas e empreendedores. O planeamento necessário a qualquer empresa depende do conhecimento prévio das regras aplicáveis à atividade exercida.

Como se percebe, a *incerteza jurídica* – provocada pela falta de clareza da lei, pelas mudanças sucessivas, pelas interpretações contraditórias – potencia o risco empresarial e perturba ou impede o planeamento. Imagine-se que uma determinada iniciativa empresarial é planeada com base em determinada taxa de IRC e que, durante a sua execução, essa taxa é aumentada. As mudanças constantes de legislação (por exemplo, legislação fiscal) podem ser um fator inibidor do investimento e da atividade empresarial. Além de outros, este é um aspeto que mostra a importância do "ambiente legal" para o florescimento do empreendedorismo.

2.5.2. Paz social

A ordem jurídica é fator de *paz social*. Quer-se com isso significar que a ordem jurídica contribui para minorar os conflitos e é decisiva na hora de os dirimir. Por um lado, a existência da ordem jurídica *reduz o conflito* – ela fornece critérios prévios de atuação que todos conhecem ou podem conhecer. Por outro lado, a ordem jurídica *impede o uso da força privada*. Como já vimos, a proibição do uso da força privada está prevista no art. 1º do CPC.

Por isso, é tão importante garantir que todos *têm acesso à justiça pública*. O "direito à proteção jurídica" está consagrado constitucionalmente no art. 20º da CRP: "A todos é assegurado o acesso ao direito e aos tribunais para defesa dos seus direitos e interesses legalmente protegidos, não podendo a justiça ser denegada por insuficiência de meios económicos".

Além disso, a ordem jurídica dispõe de critérios e de órgãos que, de modo objetivo, independente e imparcial, resolvem os conflitos entre cidadãos e entre cidadãos e Estado. Os tribunais, a quem compete o exercício da função jurisdicional (art. 202º da CRP) são independentes e imparciais (art. 203º da CRP).

Por fim, a ordem jurídica reafirma os direitos válidos e pune os crimes. A reafirmação dos direitos traduz-se, por exemplo, no reconhecimento pelo tribunal de que um determinado sujeito é titular de um determinado direito (por exemplo, direito de propriedade sobre um imóvel). A punição de crimes traduz-se, por exemplo, na condenação do autor de um crime de homicídio.

2.5.3. Segurança jurídica

A segurança jurídica *refere uma existência dos cidadãos e das empresas pacífica, livre de agressões ou de intromissões ilícitas*. A existência da ordem jurídica visa, também, proteger os cidadãos e as empresas de ataques e perturbações. Para conseguir este resultado, há instituições do Estado destinadas a prevenir os crimes ou, ocorrendo estes, a punir os responsáveis e a ressarcir os lesados. Serão os casos, respetivamente, das polícias e dos tribunais.

A ordem jurídica também protege os cidadãos e as empresas de ataques perpetrados pelo Estado. O Estado de Direito caracteriza-se pela "sujeição do poder a princípios e regras jurídicas, garantindo aos cidadãos liberdade, igualdade e segurança" (Canotilho e Moreira, 2007: 205). A essência do Estado de direito democrático é a "proteção dos cidadãos contra a prepotência, o arbítrio e a injustiça (especialmente por parte do Estado)" (Canotilho e Moreira, 2007: 206).

Havendo desmandos do Estado que violem os direitos dos cidadãos, a estes é reconhecido o direito de reagir contra ataques ilícitos. Se, por exemplo, há uma liquidação excessiva do imposto, o contribuinte poderá reagir impugnando o ato de liquidação.

3. Padrões não jurídicos de conduta

A convivência social é regulada por padrões de conduta não jurídicos. São os casos das normas de trato social, das normas religiosas e das normas morais.

As normas de trato social (como, por exemplo, apresentar os pêsames aos familiares da pessoa falecida) correspondem a convenções próprias de determinada comunidade que têm um efeito regulador da convivência. Mas não são normas jurídicas. As normas de trato social não são assistidas pelas sanções jurídicas, mas exercem pressão social que garante a sua permanência.

Num Estado laico, as normas religiosas (próprias de determina confissão religiosa) distinguem-se das normas jurídicas e são garantidas por sanções de outra índole.

A ordem jurídica deve ser distinguida da ordem moral. Embora se deva reconhecer que o direito acolhe normas de caráter moral (por exemplo, a punição do crime de homicídio), é certo que há *normas jurídicas* que não apresentam qualquer conteúdo moral (por exemplo, normas sobre prazos) e outras que não acompanham certas representações morais (normas sobre a interrupção voluntária da gravidez).

4. A criação do direito
4.1. O sentido da expressão "fontes do direito"
A expressão "fontes do direito" é antiga e polissémica. Interessa identificar o sentido em que a expressão é usada atualmente.

Em sentido técnico-jurídico, a expressão "fontes do direito" refere *os modos pelos quais se constitui e se manifesta o direito positivo vigente numa determinada comunidade* (Justo, 2011: 187).

Concretizando um pouco mais. Ao questionar-se como se *constitui o direito* está-se a perguntar se ele resulta do consenso entre os Estados (por exemplo, Tratados entre Estados), da decisão política de um órgão de soberania competente (por exemplo, uma Lei da Assembleia da República ou um Decreto-Lei do Governo), de uma prática sedimentada ao longo do tempo que se tornou obrigatória (por exemplo, um costume), da decisão dos órgãos de organizações internacionais (por exemplo, regulamento da União Europeia), etc.

A questão de saber *como se manifesta o direito* determina, por exemplo, se as normas jurídicas "aparecem" num regulamento municipal, numa lei da Assembleia da República, num *tratado*, em atos normativos da União Europeia, etc.

A definição apresentada fala em *direito positivo vigente*. Interessa esclarecer estes conceitos. O *direito positivo* é constituído por aquelas normas que em dado momento histórico entram em vigor. Ainda que estas normas tenham sido substituídas continuam a integrar o chamado direito positivo. As normas dos arts. 104º a 206º do CCom., relativas às sociedades comerciais são um exemplo de *direito positivo* (não vigente porque essas normas foram revogadas pelo DL nº 262/86, de 2 de setembro, que aprovou o CSC).

O *direito vigente* é constituído por aquelas normas jurídicas que, em dado momento histórico, estão em vigor, o que quer dizer que se aplicam às pessoas e às empresas. Constituem normas de direito vigente as que integram atualmente o CSC e regulam as sociedades comerciais. Quando essas normas jurídicas cessarem a vigência, deixam de ser direito vigente, mas continuam a ser direito positivo.

4.2. Fontes de origem internacional
4.2.1. Noção
Na ordem jurídica portuguesa vigoram normas que são constituídas no espaço internacional (fontes de origem internacional) e normas que são elaboradas por entidades nacionais (fontes de origem nacional).

Entre as fontes de origem internacional que vigoram em Portugal contam-se: *a)* normas e princípios de direito internacional geral comum (art. 8º, 1 da CRP); *b)* normas constantes de convenções internacionais regularmente ratificadas ou aprovadas (art. 8º, 2 da CRP); *c)* normas do direito da União Europeia (art. 8º, 4 da CRP).

4.2.2. Princípios e normas de direito internacional público geral

Normas de direito internacional público geral "são as normas consuetudinárias (...) de âmbito geral, mesmo que se encontrem positivadas em instrumentos internacionais de âmbito universal" (Canotilho e Moreira, 2007: 254).

Princípios de direito internacional público geral são os "princípios fundamentais geralmente reconhecidos no direito interno dos Estados e que, em virtude da sua radicação generalizada na consciência jurídica das coletividades, acabam por adquirir sentido normativo no plano do direito internacional (por exemplo, princípio da boa fé, (...) proibição do abuso de direito, princípio da legítima defesa)" (Canotilho e Moreira, 2007: 254-255).

4.2.3. Convenções internacionais

Os *tratados* são "acordos de vontades celebrados entre Estados soberanos, devidamente aprovados pelos parlamentares nacionais e ratificados pelos respetivos Chefes de Estado, e que, de forma escrita e solene, criam, modificam ou extinguem normas de Direito Internacional" (Amaral, 2004: 486). Os tratados "constituem Direito Internacional que vigora na ordem jurídica portuguesa" (Amaral, 2004: 489). As normas dos *tratados* e *acordos internacionais* não são transpostas ou transformadas em direito interno (Canotilho e Moreira, 2007: 255).

Merecem aqui especial referência os Tratados celebrados no âmbito do Conselho da Europa[4], tendo em conta a frequência com que a Convenção para a Proteção dos Direitos do Homem e das Liberdades Fundamentais (conhecida como "Convenção Europeia dos Direitos do Homem") é invocada perante os tribunais portugueses. Portugal tornou-se membro do Conselho da Europa em 22 de setembro de 1976.

---

[4] www.coe.int.

4.2.4. O direito da União Europeia

O art. 8º, 4 da CRP determina que as disposições dos tratados que regem a União Europeia e as normas emanadas das suas instituições, no exercício das suas competências, são aplicáveis na ordem interna.

A norma do art. 8º, 4 da CRP faz referência à distinção entre *direito comunitário (agora da União) originário* e *direito comunitário derivado*. O *direito comunitário originário* é constituído essencialmente pelos *tratados* que instituíram as Comunidades (Tratado de Paris de 1951 que criou a CECA e os Tratados de Roma que criaram a Comunidade Económica Europeia e a Comunidade Europeia da Energia Atómica) e pelos tratados posteriores que os alteraram (por exemplo, o Tratado de Lisboa). O *direito comunitário originário* assenta no *consenso* entre Estados.

O *direito comunitário derivado* é criado pelas instituições da União Europeia[5]. Atos típicos de direito derivado são os *regulamentos*, as *diretivas*, as *decisões*, as *recomendações* e os *pareceres* (art. 288º do TFUE)[6].

Nem todo o direito que integra a ordem jurídica portuguesa tem génese em instituições ou em decisões portuguesas. De particular importância é o direito da União Europeia que regula e condiciona a vida dos cidadãos e das empresas portuguesas. A título de exemplo, considere-se a decisão da Comissão Europeia que autoriza o Estado português a conceder uma garantia pessoal aos bancos portugueses ou o Regulamento sobre as concentrações que também se aplica às empresas portuguesas.

4.3. Fontes do direito interno
4.3.1. Normas sobre fontes do direito

A ordem jurídica portuguesa integra várias normas sobre as *fontes de direito interno*. O art. 112º da CRP elenca os atos legislativos e os arts. 1º a 4º do CC trata as fontes do direito. Vamos começar por analisar estas duas normas.

4.3.2. Atos legislativos

De acordo com o art. 112º da CRP, os *atos normativos* dividem-se em *atos legislativos* e *atos regulamentares*.

O art. 112º, 1, da CRP considera *atos legislativos* as leis (emanadas pela Assembleia da República), os decretos-leis (elaborados pelo Governo)

---

[5] V. *infra* capítulo 3.
[6] V. *infra* sobre a caraterização de cada um dos atos de direito da União derivado.

e os decretos-legislativos regionais (da competência das Assembleias Legislativas regionais dos Açores e da Madeira).

Esta classificação assenta no órgão legislativo (vale por dizer no órgão público com competência para legislar). A Assembleia da República faz as *leis* (art. 161º, *c*) da CRP); o Governo elabora os *decretos-leis* (art. 198º, 1 da CRP) e as assembleias legislativas regionais aprovam os *decretos legislativos regionais*.

Em Portugal, há três espécies de leis: *leis parlamentares*, *leis governamentais* e *leis regionais* (Amaral, 2004: 400).

Há uma certa diferença entre elas em razão das matérias que estão habilitadas a tratar. Há matérias que são da *reserva absoluta* de competência legislativa da Assembleia da República (art. 164º).

Os *decretos-leis* podem tratar matérias não reservadas absolutamente à Assembleia da República (art. 198º, 1, *a*) da CRP) ou matérias de *reserva relativa* da Assembleia da República, "mediante autorização desta" (arts. 198º, 1, *b*) 165º da CRP).

As *leis regionais* não podem ocupar-se de matérias reservadas à competência própria dos órgãos de soberania (art. 229º, 1 da CRP). Podem, contudo, tratar de matérias de interesse específico para a respetiva região (art. 227º, 1, *a*) da CRP). Além disso, têm competência para certas leis de bases cuja regulamentação é permitida aos órgãos de governo próprio das regiões autónomas (art. 227º, 1, *c*) da CRP).

São fontes do direito, embora o art. 112º da CRP não as refira: *a*) as leis de revisão constitucional que, embora sendo leis, seguem um regime especial (arts. 119º, *a*) e 286º da CRP); *b*) as normas de origem internacional (art. 8º da CRP); *c*) outros atos normativos como os regimentos (art. 175º, *a*) da CRP), as convenções coletivas de trabalho (art. 56º, 4 da CRP), as decisões do Tribunal Constitucional ou de outros tribunais a que a lei confira força obrigatória geral (art. 119º, 1, *g*) da CRP), bem como os estatutos e normas adotados por associações e institutos de natureza pública e as normas editadas pelas entidades administrativas independentes (arts. 267º, 3 e 4 da CRP).

4.3.3. Atos de transposição de diretivas da União Europeia

O art. 112º, 8, da CRP refere os atos de transposição de atos jurídicos da União Europeia. Em rigor, só as *diretivas* são objeto de processo de transposição (cfr. art. 288º do TFUE). As diretivas vinculam o Estado-Membro "quanto ao resultado a alcançar, deixando, no entanto, às instâncias nacionais a competência quanto à forma e aos meios" (art. 288º do TFUE). A diretiva necessita de um ato do Estado-Membro que a "transforme" em direito interno.

Nos termos da nossa CRP, a transposição é necessariamente operada através de lei, decreto-lei ou decreto-legislativo regional (art. 112º, 8 da CRP). A diretiva é *fonte do direito derivado da União Europeia*. Os atos de transposição (lei, decreto-lei ou decreto-legislativo regional) são *fontes do direito interno*.

Veja-se, a título de exemplo, a Diretiva 2007/36/CE do Parlamento e do Conselho, de 11 de julho de 2007, relativa ao exercício de certos direitos dos acionistas de sociedades cotadas. Esta diretiva foi transposta para a ordem jurídica interna através do DL nº 49/2010, de 19 maio.

O que importa salientar é que os Estados-Membros destinatários das diretivas estão obrigados à transposição, no prazo fixado na diretiva. Essa é uma das razões (não a única) de muitas das alterações legislativas ocorridas na ordem jurídica portuguesa.

4.3.4. Lei em sentido formal e lei em sentido material

Segundo o art. 112º, 1 da CRP e o art. 1º do CC a *lei é fonte do direito*. E é, seguramente, a mais relevante fonte do direito.

O art. 1º, 1 do CC define as leis como "todas as disposições genéricas provindas dos órgãos estaduais competentes". Importa distinguir entre *lei em sentido formal* e *lei em sentido material*.

Há alguma discussão sobre a questão de saber quais são as leis em sentido formal. Há quem entenda que só as leis da Assembleia da República são leis em sentido formal (Amaral, 2004: 403). Diferente opinião é sustentada por quem argumenta que lei em sentido formal é "um diploma emanado pelo órgão legislativo, que reveste uma forma pré-determinada" (Justo, 2011: 191). Segundo esta última opinião, as leis da Assembleia da República, os decretos-leis do Governo e os decretos legislativos regionais são *lei em sentido formal*.

Lei em sentido material é "aquela que possui um conteúdo normativo (isto é, que contém uma ou mais normas gerais e abstratas), seja qual for a sua forma externa" (Amaral, 2004: 401).

Qual o interesse prático desta distinção? O art. 281º, 1, *a*) da CRP determina que o "Tribunal Constitucional aprecia e declara, com força obrigatória geral, a inconstitucionalidade de quaisquer normas". O Tribunal Constitucional é competente para fiscalizar *leis em sentido formal* e *material*, e as leis em sentido material, mas não pode fiscalizar leis que só o sejam em sentido formal, visto que estas não apresentam uma regra de conduta formulada em termos gerais e abstratos (Amaral, 2004: 404).

Exemplo de lei em sentido formal: uma Lei da Assembleia da República que nacionalize uma determinada empresa. É o caso da Lei nº 62-A/2008, de 11 de novembro, na parte em que nacionalizou todas as ações representativas do capital social do Banco Português de Negócios, SA.

Exemplo de lei em sentido formal e material: a Lei da Assembleia da República que regula o acesso da iniciativa privada a determinadas atividades económicas (Lei nº 88-A/97, de 25 de julho).

4.3.5. Regulamento administrativo

Os regulamentos, ainda que não sejam atos legislativos, devem ser considerados *fontes do direito* porque constituem uma "certa espécie de ato produtor de normas jurídicas" (Amaral, 2004: 509).

Regulamento administrativo é "o ato unilateral do Estado ou de outra entidade pública ou privada habilitada a exercer o Poder Executivo que, de forma escrita e solene, cria, modifica ou extingue normas jurídicas hierarquicamente subordinadas à lei" (Amaral, 2004: 509).

Os regulamentos são expressão do *poder executivo*.

O art. 112º, 7 da CRP determina que os regulamentos devem indicar expressamente as leis que visam regulamentar. Esta norma implica que os regulamentos devam respeitar a precedência da lei e devam mencionar a lei ao abrigo da qual são emitidos.

De entre os regulamentos, o art. 112º, 6 da CRP menciona os decretos regulamentares e o art. 233º, 1 da CRP faz referência aos *decretos regulamentares regionais*. Outros exemplos de regulamentos *centrais* (Amaral, 2004: 510) podem ser mencionados: resoluções do Conselho de Ministros e portarias ministeriais.

Os regulamentos podem ser *regionais* (Amaral, 2004: 510) se provierem de um dos Governos Regionais (Açores ou Madeira). O âmbito do poder regulamentar das Regiões Autónomas está delimitado no art. 227º, 1, *d*) da CRP. A título de exemplo, considerem-se os decretos regulamentares regionais.

São considerados regulamentos *locais* (Amaral, 2004: 510) os que são emitidos pelas assembleias municipais para vigorarem no espaço do município como, por exemplo, o regulamento sobre o espaço público municipal que estabelece o modo como este pode ser utilizado pelos particulares, para instalação de uma esplanada, respeitando o regime estabelecido no DL nº 48/2011, de 1 de abril (Licenciamento Zero).

Assumem a qualidade de regulamentos *institucionais* (Amaral, 2004: 511) os que emanam dos "órgãos competentes de institutos públicos" (Amaral, 2004: 511). Pense-se, por exemplo, no regulamento pedagógico da Faculdade de Economia de Coimbra.

4.3.6. O elenco desatualizado do Código Civil

De acordo com o CC, são fontes do direito as leis, as normas corporativas, os usos e a equidade. Esta lista está desatualizada e incompleta. Vejamos porquê.

As *normas corporativas* estão caraterizadas no art. 1º, 2, 2ª parte do CC. A questão que se levanta é o sentido atual das referidas "normas corporativas". Na verdade, historicamente estas normas estão ligadas ao regime corporativo próprio do Estado Novo. Esta realidade histórica já desapareceu, mas manteve-se a prescrição do art. 1º, 2 do CC. Há quem considere que as referências contidas nos arts. 1º, 2 e 3º, 2 do CC às normas corporativas devem ser consideradas revogadas "ou, se se preferir, inconstitucionais, por contrariarem diversos princípios da Constituição de 1976, todos contrários à lógica do regime corporativo estabelecido pelo Estado Novo" (Amaral, 2000: 12).

No entanto, as disposições do CC sobre normas corporativas também podem ser entendidas como as "que estabelecem os estatutos, a organização e a disciplina interna das entidades privadas *supra* ou *infra* estaduais" (Amaral, 2004:527). Neste sentido, *estas* normas corporativas são fonte do direito.

O art. 3º, 1 do CC admite que os usos sejam juridicamente atendíveis, "quando a lei o determine". Os usos distinguem-se do costume. Os usos são *práticas sociais que não são acompanhadas da convicção da obrigatoriedade (da convicção de que se está a obedecer a uma norma jurídica)*. Pense-se, por exemplo, na prática social de gratificar empregados com a gorjeta. A gorjeta constitui um uso, mas não é um costume jurídico.

O juiz só pode invocar os usos para a decisão do caso concreto, quando "a lei o determine" (art. 3º, 1 do CC). Por esta razão, os usos são *fonte mediata* do direito. Exemplo de norma que convoca os usos é a do art. 317º do CPI que menciona os "usos honestos de qualquer ramo de atividade económica".

Segundo o art. 4º do CC, também a *equidade* é uma fonte *mediata* do direito, pois os tribunais só podem resolver segundo a equidade quando se verificarem os requisitos previstos neste preceito.

Em rigor, a equidade *não é uma fonte do direito* (Ascensão, 1991: 228). A *equidade é um critério de decisão de um caso concreto* (atende às particularidades deste). Ela não tem vocação para formular regras de caráter geral e abstrato.

Para além destas fragilidades, a lista das fontes do direito apresentada pelo CC está incompleta. Hoje são admitidas outras fontes do direito que não constam do elenco do CC.

4.3.7. Princípios fundamentais de direito

O CC não inclui os *princípios fundamentais de direito* no elenco das fontes do direito.

Os princípios fundamentais decorrem da própria ideia de Direito. Não estamos a falar de princípios religiosos, puramente éticos ou culturais, mas sim de princípios que têm uma vocação jurídico-positiva e, por isso, podem ser integrados no sistema jurídico (Neves, 1971-1972: 333, 334). Como exemplos podem ser apontados o valor da pessoa humana, o valor da dignidade da pessoa humana, o princípio da igualdade, os princípios do Estado de Direito e da legalidade em geral, da não retroatividade da lei penal, da culpa, da responsabilidade por danos (Neves, 1995: 66).

Freitas do Amaral fala em "princípios gerais de direito" e carateriza-os como "as máximas ou fórmulas, enunciadas de forma condensada, que exprimem as grandes orientações e valores que caracterizam uma dada ordem jurídica, ou um certo ramo ou subramo do Direito" (Amaral, 2004: 499).

Os princípios gerais de direito distinguem-se das *regras*. Os princípios são "fórmulas com um reduzido grau de determinabilidade, que por isso carecem, para ser aplicados, da mediação do legislador ou do juiz; as regras possuem um maior grau de determinabilidade, pelo que são suscetíveis de aplicação imediata" (Amaral, 2004: 501).

Serão *fonte do direito* as normas constitucionais e legais que consagram alguns desses princípios. São os casos do princípio do Estado de Direito democrático (art. 2º da CRP), ou da igualdade perante a lei (art. 13º da CRP), ou de não haver crime sem lei (art. 29º da CRP). Serão também os casos do princípio da não retroatividade da lei (art. 12º do CC), da liberdade contratual (art. 405º do CC), da responsabilidade civil pela culpa (art. 483º, 2 do CC) e da proibição de enriquecimento sem causa (art. 473º do CC) (Justo, 2011: 227).

Questiona-se se os princípios fundamentais que não estejam consagrados legislativamente são fonte do direito. Há quem considere que os princípios fundamentais não são necessariamente aqueles que o sistema jurídico consagra legislativamente (Neves, 1971-1972: 333, 334). Freitas do Amaral admite que os "princípios gerais de direito" são fonte do direito (Amaral, 2004: 499).

4.3.8. O costume jurídico

O CC refere os *usos*, mas não contempla o costume jurídico no elenco das fontes do direito. Além disso, proíbe o costume contrário à lei, quando determina que a lei só deixa de vigorar por caducidade ou revogação (art. 7º, 1 do CC).

O *costume* "consiste na observância constante e uniforme de determinadas regras de conduta pelos membros de uma determinada comunidade social, com a convicção de obrigatoriedade" (Cura, 1998: 241).

Outras normas da ordem jurídica portuguesa reconhecem o costume como fonte de direito. Vejam-se os arts. 348º, 1, 737º, 1, *a*), 1400º, 1, e 2, 1401º, 1 do CC. Além disso, há que considerar a receção do costume internacional na ordem jurídica portuguesa (art. 8º, 1 da CRP).

O costume, embora não conste da lista de fontes de direito apresentada pelo CC, deve ser considerado *fonte do direito* (Cura, 1998: 269). Questão diversa é a de saber se a aceleração histórica dos tempos modernos é propícia à criação de costume jurídico (Sousa e Galvão, 1993: 128).

4.3.9. O valor da jurisprudência e da doutrina

O CC é omisso quanto ao valor da jurisprudência e da doutrina. Por *jurisprudência* entende-se "o conjunto das decisões em que se exprime a orientação seguida pelos tribunais ao julgar os casos concretos que lhes são submetidos" (Machado, 1987: 162).

No sistema jurídico português, as decisões dos tribunais (sobretudo a *ratio decidendi*) não vinculam o mesmo tribunal ou outros tribunais em julgamentos de futuros casos do mesmo tipo. Tradicionalmente é defendido que a *jurisprudência não é fonte do direito*, pois ela decide casos concretos e não emana normas que possam valer para o futuro.

Excecionalmente, o Tribunal Constitucional pode proferir *declaração de inconstitucionalidade com força obrigatória geral* (art. 282º CRP). Esta declaração vincula "todos os órgãos constitucionais, [...] todos os tribunais e [...] todas as autoridades administrativas" (Canotilho e Moreira, 2010: 966). E, além disso, tem a "força de lei" (Canotilho e Moreira, 2010: 966). Quer-se com isto significar que a declaração com força obrigatória geral produz, quanto a alguns aspetos, efeitos semelhantes à lei. No entanto, a declaração com força obrigatória geral não é formalmente um ato legislativo nem cria normas jurídicas (Canotilho e Moreira, 2010: 966).

Ainda que não seja considerada fonte do direito, a jurisprudência tem um importante relevo na experiência jurídica de uma determinada ordem jurídica. Ela aplica as normas gerais e abstratas a casos concretos. Nesta tarefa, ela concretiza conceitos, explora soluções para casos não resolvidos na lei, aproxima a norma geral às singularidades do caso concreto. A título de exemplo, refira-se que a jurisprudência do TJUE foi e é fundamental para o desenvolvimento e explicitação do direito da União Europeia. O princípio do primado do direito comunitário sobre os direitos nacionais (incluindo o direito constitucional) foi afirmado pelo TJUE, em 1964, no caso Costa/Enel. Posteriormente, foi mantido e reafirmado em outros casos (Henriques, 2010: 406).

A *doutrina* é constituída *pelos pareceres e opiniões dos jurisconsultos acerca de uma questão de direito*. A doutrina manifesta-se em tratados, manuais, pareceres, monografias, recensões, anotações a arestos jurisprudenciais, comentários a preceitos legislativos, etc.

Não devem restar dúvidas quanto ao relevo da *doutrina* para o conhecimento e desenvolvimento do direito. O labor dos estudiosos do direito contribui para a exposição de antinomias e lacunas, para a explicação do direito vigente e para a proposta de novas soluções.

No entanto, as reflexões trazidas pela doutrina *não são vinculativas* nem para outros jurisconsultos, nem para os tribunais, nem para os cidadãos em geral. Embora se lhe reconheça um significativo relevo, em geral a doutrina não é tida como fonte do direito.

4.4. A hierarquia das fontes de direito

A hierarquia das fontes de direito *traduz-se em as ordenar verticalmente, segundo o seu valor*. Para além de razões de arrumação e de sistematização dos elementos que integram a ordem jurídica, a hierarquia das fontes do direito serve para: *a)* decidir que fontes podem interpretar, revogar e substituir outras; *b)* resolver conflitos entre normas. As fontes que estão em pé de igualdade podem mutuamente interpretar-se, revogar-se, não se devendo entre si qualquer precedência. É o caso, em geral, das leis e dos decretos-leis (art. 112º, 2 da CRP).

Havendo fontes de diferente posição hierárquica, só a fonte superior pode interpretar, substituir ou revogar a inferior. Havendo contradição entre fontes, prevalecem as normas da fonte que ocupa posição hierárquica superior. Por exemplo, se uma lei violar a Constituição, diz-se que é uma *lei inconstitucional* e não se aplicará aos cidadãos ou às empresas. Se um regulamento violar a lei que concretiza diz-se que tal regulamento é *ilegal*.

Comecemos pela hierarquia das fontes de direito interno. A *posição cimeira* é ocupada pela Constituição da República Portuguesa, seguem-se as leis e os decretos-leis. Num terceiro patamar surgem decretos legislativos regionais. O quarto nível é ocupado pelos regulamentos.

É questionável a posição hierárquica do costume jurídico nesta hierarquia vertical. Há quem defenda que o costume ocupa a mesma posição da lei (Amaral, 2004: 577). No entanto, atendendo ao disposto no art. 7º, 1 do CC, é duvidoso que o costume possa fazer cessar a vigência da lei.

Já vimos que a ordem jurídica portuguesa integra normas jurídicas que provêm de *fontes internacionais*. A questão que se levanta é que posição hierárquica ocupam tais normas. Há quem defenda que no topo da hierarquia estão todas as fontes de direito internacional: costumes, tratados, princípios gerais, jurisprudência (Amaral, 2004: 567).

No entanto, há também quem sustente que as normas de direito internacional têm um valor superior ao das leis, mas inferior à posição ocupada pela Constituição (Canotilho e Moreira, 2007: 261).

O art. 8º, 4 da CRP determina que as disposições dos tratados que regem a União Europeia e as normas emanadas das suas instituições "são aplicáveis na ordem interna, nos termos definidos pelo direito da União". Levanta-se, então, a questão de saber se o Direito da União tem um valor supra ou infra constitucional. Há quem sustente que a nossa Constituição acolheu expressamente o primado do direito da União Europeia sobre o nosso direito constitucional (Amaral, 2004: 575).

A questão é particularmente complexa e é resolvida de maneira diversa pelas diferentes jurisdições constitucionais. Há tribunais constitucionais que aceitam a primazia do direito constitucional europeu sobre o direito constitucional nacional e há tribunais constitucionais que argumentam no sentido da primazia do direito constitucional nacional (Machado, 2010: 67, ss).

5. A arrumação dos critérios jurídicos
5.1. Noção de ramos do direito
Os *ramos de direito* são *o resultado da arrumação do direito em partes que se diferenciam em razão da matéria regulada*. Esta divisão tem um caráter sistematizador e pedagógico. Importa salientar que os conflitos da vida prática, em regra, só podem ser resolvidos pela aplicação simultânea e combinada de normas oriundas de vários ramos de direito.

5.2. Distinção direito público/direito privado
A primeira grande divisão agrupa as normas jurídicas em *direito público* e *direito privado*.

Há vários critérios para esta distinção – natureza dos interesses, qualidade dos sujeitos, posição dos sujeitos na relação jurídica. Nenhum deles é completamente satisfatório.

O critério da posição dos sujeitos parece ser o que merece menos reparos. De acordo com este critério, o *direito público disciplina relações de subordinação, em que uma entidade pública tem poderes de autoridade sobre cidadãos ou empresas*.

As relações entre os entes públicos e os particulares caracterizam-se por serem relações de *subordinação* e de desigualdade. São, por exemplo, regulados pelo direito público o poder de o Estado expropriar um terreno de um particular, aplicar uma coima a uma empresa, prender um delinquente, cobrar um imposto.

O *direito privado* agrupa as normas que regulam as relações jurídicas entre sujeitos que estão numa posição de igualdade e que, por isso, não dispõem do poder de subordinar o outro. Este ramo de direito regula as relações entre os particulares ou entre os particulares e os entes públicos, quando estes últimos intervenham despidos do seu poder de autoridade (por exemplo, é regulada pelo direito civil a aquisição pelo Estado de um automóvel).

Por sua vez, direito público e direito privado subdividem-se em sistemas mais circunscritos de normas jurídicas. É o que estudaremos de seguida.

5.3. Ramos de direito público
5.3.1. Direito constitucional
O direito constitucional "é composto pelo sistema de normas jurídicas que regulam a organização e o funcionamento dos Poderes do Estado, asseguram a proteção efetiva da constitucionalidade das leis e dos direitos fundamentais dos cidadãos, e definem as tarefas essenciais do Estado, bem como os grandes objetivos da governação pública" (Amaral: 2004: 266).

A CRP é fonte de normas de direito constitucional, mas não as esgota. A atual CRP foi aprovada em 2 de abril de 1976 e já sofreu sete revisões (1982, 1989, 1992, 1997, 2001, 2004, 2005). As revisões da Constituição são operadas pelas leis constitucionais.

Há normas constitucionais fora da CRP. É o caso, por exemplo, das leis eleitorais.

5.3.2. Direito administrativo
O direito administrativo é constituído "pelo sistema de normas jurídicas que regulam a organização e o funcionamento dos órgãos da Administração pública, bem como as relações por ela estabelecidas com outros sujeitos de direito no exercício da atividade administrativa de gestão pública" (Amaral, 2010: 140). As normas de direito administrativo disciplinam a organização da Administração pública, estabelecem os processos de funcionamento da atividade administrativa e regulam as relações entre a Administração pública e os particulares ou entre duas ou mais pessoas coletivas públicas (Justo, 2011: 246).

5.3.3. Direito penal
O direito penal é *o sistema de normas que define crimes e estabelece as correspondentes penas e medidas de segurança*. Parte das normas do direito penal estão contidas no Código Penal.

O direito penal lida com comportamentos particularmente graves (por exemplo, homicídio, furto, burla, insolvência fraudulenta) e envolve a aplicação de penas limitadoras dos direitos dos cidadãos (prisão, pena de multa, etc.). Por isso, tem de ser muito rigorosa a sua aplicação, sob pena de serem punidos inocentes.

O *princípio da legalidade criminal*, previsto no art. 29º da CRP, assegura que: *a)* não há crime sem lei prévia que o tipifique; *b)* não podem ser aplicadas penas ou medidas de segurança que não estejam previamente definidas; *c)* não há crime sem culpa; *d)* que não há pena sem processo que assegure as garantias de defesa do arguido.

O direito penal aplica-se, em regra, às pessoas singulares (art. 11º do CP). Sabe-se que há organizações dedicadas à prática de atos especialmente lesivos da vida coletiva (terrorismo, tráfico de pessoas, escravidão, lavagem de dinheiro). Por isso, os sistemas de direito penal evoluíram para a responsabilidade criminal das pessoas coletivas.

Excecionalmente e nos casos expressamente previstos, o art. 11º do CP admite que as pessoas coletivas[7] sejam criminalmente responsáveis (por exemplo, sociedades). Fora do CP, várias normas (designadamente de direito penal económico) regulam a responsabilidade criminal de pessoas coletivas.

Às pessoas coletivas penalmente responsáveis são aplicadas as penas de *dissolução* e de *multa* (art. 90º, 1 do CP).

5.3.4. Direito fiscal

O direito fiscal é "o ramo do direito público constituído pelo sistema de normas jurídicas que definem os impostos e o respetivo montante a pagar pelos cidadãos e pelas empresas ao Estado e aos entes públicos menores, e que asseguram a proteção dos direitos dos contribuintes perante a Administração Tributária, e desta perante eles" (Amaral, 2004: 286).

O direito fiscal está previsto em normas da CRP (por exemplo, arts. 103º, 104º), em vários Códigos (Código do IVA, do Imposto sobre Pessoas Singulares, do Imposto Municipal sobre Bens Imóveis) e em leis avulsas. Deve ser destacada, pela sua importância, a Lei Geral Tributária.

Os impostos visam a redistribuição do rendimento, mas implicam também a transferência de recursos das empresas e das famílias para o Estado. Quando são lançados impostos, empresas e famílias ficam privadas, por decisão do Estado, de parte dos seus bens. Daí a necessidade de serem asseguradas as garantias do contribuinte.

---

[7] Cf. *infra* Capítulo 4.

5.3.5. Direitos processuais

Os direitos processuais são constituídos "pelos sistemas de normas jurídicas que regulam os procedimentos jurídicos a seguir em tribunal, nos processos que visam obter do Poder Judicial a administração da Justiça" (Amaral, 2004: 291).

No elenco dos direitos processuais estão, por exemplo, o direito do processo civil, do processo penal ou do processo do trabalho. O direito processual civil "disciplina a atividade nos tribunais com vista à realização de direitos privados" (Justo, 2011: 256).

O direito processual penal é constituído pelo "conjunto das normas jurídicas que fixam os trâmites a observar na instauração e desenvolvimento da ação penal" (Justo, 2011: 258).

5.4. Ramos de direito privado
5.4.1. Direito civil

O direito civil é "o ramo do direito privado constituído pelo sistema de normas jurídicas que regulam a generalidade dos atos e atividades em que se desenvolve a vida privada dos particulares, tanto na sua esfera pessoal como patrimonial" (Amaral, 2004: 304). Também são regulados pelo direito civil as relações do Estado e de outros entes públicos com os particulares quando os primeiros atuam como se fossem particulares (por exemplo, é regulada pelo direito civil a compra de um automóvel por parte do Estado). O direito civil é considerado o direito privado geral.

O direito civil encontra-se, em primeiro lugar, no Código Civil. O Código Civil vigente foi aprovado em 1966 e entrou em vigor em 1967. Está estruturado em cinco partes: Parte Geral, Direito das Obrigações, Direito das Coisas, Direito da Família e Direito das Sucessões.

Várias leis fora do CC apresentam normas de direito civil. Considerem-se, por exemplo, o regime das cláusulas contratuais gerais (DL nº 446/85, de 25 de outubro) ou a lei sobre a proteção dos consumidores em matéria de contratos celebrados à distância (DL nº 143/2001, de 26 de abril) ou, ainda, o regime especial de constituição de associações (Lei nº 40/2007, de 24 de agosto).

5.4.2. Direito comercial

O *direito comercial* é considerado o direito privado especial (por referência ao direito civil que é o direito privado geral).

Define-se direito comercial como o "sistema jurídico-normativo que disciplina de modo especial os atos de comércio e os comerciantes" (Abreu, 2011: 13).

O direito comercial regula as sociedades comerciais, os contratos comerciais e os títulos de crédito. Também é neste universo que tem sido estudada a propriedade industrial (patentes de invenção, modelos de utilidade, marcas, insígnias, denominação de origem), a insolvência e alguns aspetos (não todos) das empresas (por exemplo, as empresas comerciais, os negócios sobre as empresas e a recuperação de empresas em processo de insolvência).

5.4.3. Direito internacional privado

O direito internacional privado é o "ramo do direito privado constituído pelo sistema de normas jurídicas que, na ausência de regulação direta do conteúdo das relações privadas internacionais, designam as leis competentes (nacionais ou estrangeiras) para regular essas mesmas relações" (Amaral, 2004: 316). As normas de direito internacional privado destinam-se a situações que apresentam conexões com várias ordens jurídicas e limitam-se a determinar que lei é competente para regular tais situações.

O direito internacional privado está essencialmente previsto no CC que se serve de vários "elementos de conexão": a nacionalidade das partes, a residência habitual dos interessados, o lugar onde ocorreu o facto, a situação da coisa, etc.

5.4.4. Direito do trabalho

O direito do trabalho pode ser definido como o "ramo do direito privado constituído pelo sistema de normas jurídicas que regulam as relações individuais de trabalho subordinado, bem com os fenómenos coletivos com elas relacionados" (Amaral, 2004: 313).

O direito do trabalho regula o *trabalho subordinado*. Sobre este ramo de direito tem havido um intenso debate na sociedade portuguesa. Os empregadores pretendem, com o argumento do reforço da competitividade da economia, a abolição de garantias conquistadas pelos trabalhadores. Os trabalhadores aspiram à preservação das garantias (por exemplo, proibição de despedimentos sem justa causa) e dos direitos conquistados (por exemplo, o direito ao subsídio de férias).

5.5. Outros ramos de direito
5.5.1. Direito económico
A complexidade da vida atual, com a intervenção do Estado na economia, determina que haja "ramos de direito mistos" que combinam normas de direito público e de direito privado (Amaral, 2004: 331). Vejamos alguns exemplos.

O direito económico é o "direito específico da ordenação da economia (...) que [se] ocupa de formas de regulação de relações económicas entre entidades privadas, entre entidades públicas e entre umas e outras (...)" (Santos et. ali, 2011: 26).

As normas de direito económico constam da CRP – a chamada "Constituição económica" –, de leis ordinárias, de fontes internacionais e do direito da UE.

5.5.2. Direito da segurança social
"É o ramo do direito constituído pelo sistema de normas jurídicas, públicas e privadas, que regulam o sistema de segurança social, com vista à proteção dos indivíduos na doença, velhice, desemprego, e noutras situações de carência económica ou incapacidade para o trabalho" (Amaral, 2004: 333). Encontramos o direito da segurança social na CRP (art. 63º), na Lei de Bases da Segurança Social e em numerosos diplomas complementares.

6. Aplicação do direito às pessoas e às empresas
6.1. Sentido geral
O direito destina-se a ser aplicado a uma realidade histórica. Quer-se com isto significar que ele conduz e condiciona as decisões de pessoas e empresas, dirime conflitos e sanciona quem não cumpre as normas jurídicas.

Para que o direito condicione e regule a vida social, é necessário que: *a)* as normas sejam postas a vigorar; *b)* haja critérios para determinar o sentido do direito vigente; *c)* sejam previstos mecanismos que supram as incompletudes da ordem jurídica.

São os problemas, respetivamente, da *vigência das normas jurídicas*, da *interpretação jurídica* e da *integração de lacunas*.

6.2. Vigência da lei
6.2.1. Publicação oficial

A elaboração das normas legislativas segue um processo complexo que vai desde a iniciativa legislativa (art. 167º CRP), passando pela discussão e votação (art. 168º da CRP), promulgação pelo Presidente da República (art. 134º, *b*) da CRP), referenda do Governo (art. 140º da CRP) e, por fim, publicação no jornal oficial, *Diário da República* (art. 119º da CRP).

As normas só podem produzir efeitos depois da *publicação oficial*. É o que determinam os arts. 119º da CRP e 5º, 1 do CC. A ausência de publicação no *Diário da República* determina a sua "ineficácia jurídica" (art. 119º, 2 CRP). Isto quer dizer que tribunais, conservatórias, entidades administrativas, polícias, Ministério Público, etc., não podem aplicar normas que, embora tenham sido divulgadas publicamente, não estão publicadas no *Diário da República*.

A publicação dos diplomas é regulada pela Lei nº 74/98, de 11 de novembro[8]. Nos termos do art. 2º da Lei nº 74/98, a data de publicação é a data em que o *Diário da República* se torna disponível no sítio da internet gerido pela Imprensa Nacional – Casa da Moeda (www.dre.pt)

O art. 297º do TFUE identifica os atos de direito comunitário *derivado* que são publicados no *Jornal Oficial da União Europeia*.

A publicação dos diplomas em um único jornal (o jornal oficial) é requisito de *certeza jurídica*. Por um lado, permite que os destinatários das normas conheçam o seu conteúdo e, por outro, garante que a única publicação juridicamente relevante é a que é feita no jornal oficial. Outras formas de publicidade da lei (imprensa, televisão, comunicações do porta-voz do Conselho de Ministros, etc.), embora relevantes do ponto de vista informativo, não são consideradas formas de publicação oficial.

6.2.2. Início de vigência

De modo a possibilitar o conhecimento por parte dos cidadãos e das empresas, há um tempo que medeia entre a publicação e o início da aplicação da lei (*entrada em vigor*). A esse tempo dá-se o nome de *vacatio legis*. Literalmente, a expressão *vacatio legis* significa dispensa de lei. Ou

---

[8] Alterada pela Lei nº 2/2005, de 24 de janeiro, Lei nº 26/2006, de 30 de junho e pela Lei nº 42/2007, de 24 de agosto.

seja, neste período de *vacatio legis*, a lei já está publicada, mas ainda não pode ser aplicada.

Por vezes, é a própria lei que fixa esse período (art. 5º, 2 do CC).

Muito frequentemente, a lei *nada diz* sobre o período de *vacatio legis*. Nesses casos, a lei entra em vigor, em todo o território nacional e no estrangeiro, no 5º dia após a publicação (art. 2º, 2 da Lei nº 74/98, de 11 de novembro, na redação que lhe foi dada pelo art. 1º da Lei nº 26/2006, de 30 de junho). Este prazo conta-se a partir do dia imediato ao da sua disponibilização no sítio da internet gerido pela Imprensa Nacional-Casa da Moeda.

Os diplomas de autarquias locais, nos termos do art. 53º do CA, têm uma *vacatio legis* que não pode ser inferior a oito dias, contados a partir da afixação.

Por vezes, por causa de lapsos gramaticais, ortográficos ou de cálculo, o texto publicado no *Diário da República* não corresponde ao texto real. É necessário publicar a designada *retificação*. A retificação deve ser publicada até 60 dias após a publicação do texto a retificar (art. 5º, 2 da Lei nº 74/98). Com a retificação publicada, o texto publicado passa a corresponder ao texto real.

Nos termos do art. 48º, 4 do TUE, as alterações aos Tratados que regem a União Europeia "entram em vigor após a sua ratificação por todos os Estados-Membros, em conformidade com as respetivas normas constitucionais".

No espaço da União Europeia, os atos legislativos "entram em vigor na data por eles fixada ou, na falta desta, no vigésimo dia seguinte ao da sua publicação" (art. 297º, 1 do TFUE).

6.2.3. Cessação de vigência

A expressão "cessação de vigência" designa o momento a partir do qual as normas jurídicas já não podem ser aplicadas, porque já não estão em vigor. Isto que dizer que essas normas deixaram de ordenar a vida social. Tribunais, polícias, conservatórias, notários, repartições de finanças e outros aplicadores do direito já não as podem considerar na resolução de casos concretos.

A *cessação de vigência* da lei ocorre por força da *caducidade* e da *revogação* (art. 7º do CC).

A lei *caduca* quando ocorre um facto que ela prevê (por exemplo, decorre o prazo de vigência que ela própria fixou) ou quando desaparece a realidade que ela disciplinava. Imagine-se que uma lei tem um prazo de vigência de 1 ano. Esgotado esse prazo, a lei caduca, sem que seja necessário qualquer ato posterior que ponha termo à sua vigência.

Eis um exemplo de uma lei que prevê um prazo para a sua vigência:

> "Os arts. 72.º-A e 99.º-A do Código do IRS, na redação dada pela presente lei, aplicam-se apenas aos rendimentos auferidos durante o ano de 2011, cessando a sua vigência após a produção de todos os seus efeitos em relação ao ano fiscal em curso".
> Art. 2º, 3 da Lei nº 49/2011, de 7 de setembro, que aprova uma sobretaxa extraordinária sobre os rendimentos sujeitos a IRS auferidos no ano de 2011.

A *revogação* consiste em uma *lei posterior pôr termo a uma lei anterior de valor hierárquico igual ou inferior*. A lei revogada não pode ser aplicada, pois foi declarada sem efeito.

A revogação pode assumir as seguintes modalidades:

a) expressa: a nova lei contém uma declaração de revogação da lei anterior;
b) tácita: a nova lei mostra-se incompatível com normas anteriores, mas não há uma menção expressa às leis que cessam a vigência. Caberá ao intérprete e ao aplicador do direito identificar as leis antigas que cessam a sua vigência;
c) total: a lei anterior cessa completamente a sua vigência. Também se chama ab-rogação;
d) parcial: só uma parte da lei anterior deixa de vigorar. A este propósito fala-se em *derrogação*.

A cessação de vigência por caducidade ou por revogação tácita pode ser fonte de incerteza, na medida em que não houve um ato legislativo que expressa e formalmente tenha determinado o fim da vigência da norma. Um dos objetivos do programa Simplegis foi, justamente, o de proceder à identificação de atos legislativos que deixaram de vigorar, clarificando-se o ordenamento jurídico. Neste contexto, foi publicado o DL nº 70/2011, de 16 de junho, que identifica diplomas que não se encontram em vigor em Portugal.

Em regra, a lei que foi revogada não retoma a sua vigência. É o que resulta do chamado *princípio de não repristinação*, consagrado no art. 7º, 4 do CC.

Este princípio sofre *duas exceções*. A primeira está prevista no art. 282º, 1 da CRP. A declaração de inconstitucionalidade com força obrigatória geral determina a *repristinação das normas que ela, eventualmente, haja revogado*. Na base desta solução repristinatória está o facto de a norma ser inválida desde a origem e, por isso, ser inválida a revogação de normas anteriores que ela tenha efetuado (Canotilho e Moreira, 2010: 975). A segunda exceção existe quando o legislador expressamente repristina (ou seja, volta a pôr em vigor) uma norma anteriormente revogada (Justo, 2011: 205).

6.3. Interpretação jurídica
6.3.1. Necessidade

Não basta que a lei esteja publicada e acessível a todos em um site da Internet para que se possa dizer que é unívoco o seu sentido. É importante que a linguagem usada seja clara. De modo a garantir que pessoas e empresas tenham um mais fácil acesso à legislação, o Programa Simplegis promoveu a disponibilização de resumos em linguagem clara e acessível do texto dos diplomas, em português e inglês, a partir do 1º semestre de 2011.

Ainda que esta medida seja louvável, *ela não torna a interpretação jurídica dispensável*. Os textos legais podem comportar variados sentidos. Será necessário determinar o sentido da norma jurídica que o texto legal transporta.

A interpretação jurídica consiste na *atividade intelectual destinada a retirar de uma fonte do direito a regra ou norma jurídica que permita resolver um caso prático que reclama solução jurídica* (Justo, 2011: 323).

6.3.2. Modalidades de interpretação jurídica

É tradicional a distinção entre *interpretação autêntica* e *interpretação doutrinal*. Esta distinção tem como critério o *sujeito que realiza a interpretação*.

A *interpretação autêntica* é realizada por uma fonte não hierarquicamente inferior à que é interpretada e manifesta-se na *lei interpretativa*. Considere-se, a título de exemplo, o DL nº 68/2011, de 14 de junho, que incorpora uma norma interpretativa do DL nº 137/2010, de 28 de dezembro.

A *interpretação doutrinal* é realizada por qualquer pessoa que conheça e domine os chamados *elementos da interpretação*. Exemplos de interpretação doutrinal são os casos da interpretação realizada pelos tribunais e expressa em uma sentença ou acórdão; a interpretação realizada por um conservador e expressa em um despacho ou por um jurista e expressa em um parecer de direito.

É muito importante esta distinção.

A *interpretação autêntica* é uma manifestação do poder legislativo e "tem (...) a força vinculante própria da lei" (Machado, 1987: 176).

À *interpretação doutrinal* assiste o poder de persuasão ou de convencimento resultante da correta aplicação dos elementos de interpretação. Não tem a força da lei. A interpretação doutrinal de uma lei não obsta a que, em outras situações, a mesma lei mereça uma interpretação diferente. Por exemplo, a interpretação que um tribunal faz de uma norma não impede que o mesmo ou outro tribunal, em casos futuros, sustente outras interpretações.

6.3.3. Elementos da interpretação jurídica
A perspetiva tradicional da interpretação jurídica identificou os chamados *elementos da interpretação*. Eles *são critérios, por intermédio dos quais, será fixado o sentido da norma transportada pelo texto.*

6.3.4. Elemento literal
O primeiro elemento a ser considerado é o *elemento literal ou gramatical* que é constituído pelas *palavras da lei*, pelo texto legal. Nos termos do art. 9º, 1 do CC, ele constitui o *ponto de partida* da interpretação jurídica. É o que resulta do segmento normativo "a interpretação não deve cingir-se à letra da lei" (art. 9º, 1 do CC).

Este elemento exerce as *funções negativa* e *positiva*. Na *função negativa*, o elemento literal serve para excluir todos os sentidos que não tenham apoio na letra da lei, ainda que mínimo. Esta função está prevista no art. 9º, 2 do CC, na parte em que esta norma diz que o intérprete não pode considerar "o pensamento legislativo que não tenha na letra da lei um mínimo de correspondência verbal, ainda que imperfeitamente expresso".

A *função positiva ou de seleção* "privilegia sucessivamente, de entre os vários significados possíveis, o técnico-jurídico, o especial e o fixado pelo uso geral da linguagem" (Justo, 2011: 335). O art. 9º, 3 do CC reconhece a função positiva do elemento literal quando prescreve que o intérprete presumirá que o legislador "soube exprimir o seu pensamento em termos adequados".

6.3.5. Elemento histórico
A *história da lei* é importante para a interpretação das normas jurídicas. O intérprete considera as circunstâncias históricas que estiveram na génese da lei, os diversos projetos que prepararam a versão definitiva e as fontes que influenciaram a norma a ser interpretada. Por exemplo, a interpretação de normas contidas em leis ou decretos-leis que transpõem diretivas faz-se tendo em conta o teor da diretiva.

O art. 9º, 1 do CC faz referência ao *elemento histórico* quando determina que o intérprete deve "reconstituir" o pensamento legislativo e quando estatui que devem ser atendidas as "circunstâncias em que a lei foi elaborada" (*occasio legis*).

6.3.6. Elemento sistemático
O elemento *sistemático* pressupõe que a ordem jurídica é um sistema. Ele atende às *ligações existentes entre as normas*, sejam elas relações de subordinação, conexão ou analogia. O art. 9º, 1 do CC reconhece o relevo do elemento sistemático quando refere a "unidade do sistema jurídico".

6.3.7. Elemento racional
Por intermédio do *elemento racional ou teleológico*, o intérprete apura a razão de ser ou o *fim objetivo e prático* que a lei se propõe atingir. Sabendo que o intérprete, em regra, não participa no processo legislativo, como é que ele consegue apurar a finalidade da lei?

Por vezes, o Preâmbulo – ou seja, o texto ou relatório que precede a lei – clarifica as finalidades que a lei visa prosseguir. Além disso, o intérprete pode socorrer-se das circunstâncias contemporâneas da feitura da lei ou até dos antecedentes normativos.

Pode dizer-se que o art. 9º, 3 do CC, quando determina que "o intérprete presumirá que o legislador consagrou as soluções mais acertadas", está também a referir o elemento racional. Ou seja, presume-se que o legislador, tendo em conta a finalidade da lei, consagrou as soluções mais razoáveis para alcançar tal finalidade.

6.4. Resultados da interpretação
6.4.1. Noção e espécies
Esta expressão "resultados da interpretação" refere as espécies de interpretação obtidas pela mediação dos elementos de interpretação. Em alguns casos, a norma que o intérprete extrai da fonte interpretada coincide com o teor literal; em outras situações não se verifica essa coincidência.

Tendo em conta a distinção básica entre *letra da lei* e *espírito da lei*[9], poderá verificar-se uma de três hipóteses (Neves, 1995: 366): *a)* letra e espírito da lei correspondem naturalmente; *b)* o sentido imediato da letra da lei é mais amplo do que o sentido obtido por intermédio dos elementos lógicos; *c)* o sentido obtido pela letra da lei é menos amplo do que o dos elementos lógicos.

As espécies de interpretação são: *interpretação declarativa, interpretação extensiva, interpretação restritiva, interpretação enunciativa* e *interpretação ab-rogante*.

6.4.2. Interpretação declarativa
A *interpretação declarativa* caracteriza-se pela coincidência entre o sentido que resulta do teor literal e o sentido obtido por intermédio dos elementos lógicos. Nesta espécie de interpretação "o intérprete limita-se a eleger um dos sentidos que o texto direta e claramente comporta, por ser esse aquele que corresponde ao pensamento legislativo" (Machado, 1987: 185).

> O art. 230.º, 5.º do CCom. determina que são comerciais as empresas que se propuserem "editar, publicar ou vender obras científicas, literárias ou artísticas". Embora desconhecidas no momento em que foi elaborado o CCom., devem ser consideradas empresas comerciais as empresas produtoras de discos ou de filmes cinematográficos (Xavier, 1977-1978: 63). Chega-se a esta conclusão por intermédio da *interpretação declarativa da norma* do art. 230.º, 5 do CCom.

---

[9] O espirito da lei é determinado pela mediação dos elementos lógicos da interpretação (histórico, sistemático e teleológico).

6.4.3. Interpretação extensiva

A interpretação extensiva é necessária quando o legislador disse menos do que queria. Ela existe para resolver as situações em que o sentido obtido pela letra da lei é *menos amplo* do que o dos elementos lógicos. Por isso, a interpretação extensiva fixa à norma (resultante da interpretação) um sentido mais amplo do que o que resulta do texto da lei (Silva, 2009: 269).

> O art. 230.º, 7 do CCom. considera que são empresas comerciais as que se propuserem "transportar, regular e permanentemente, por água ou por terra, quaisquer pessoas, animais, alfaias ou mercadorias de outrem". Na opinião de Vasco Lobo Xavier, a norma do art. 230.º 7, do CCom. necessita de *interpretação extensiva* de modo a abarcar as empresas de transporte aéreo, "pois o legislador de 1888, ao referir-se às empresas que se propõem transportar pessoas ou mercadorias 'por água ou por terra', não teve claramente uma intenção restritiva, e quis antes abranger todo e qualquer meio de transporte (pois só os transportes por via aquática ou terrestre eram então conhecidos)" (Xavier, 1977-1978: 62, 63) . Repare-se que o Código Comercial data de 1888.

6.4.4. Interpretação restritiva

A interpretação restritiva serve para resolver as situações em que o sentido imediato da letra da lei é *mais amplo* do que o sentido obtido por intermédio dos elementos lógicos. Por isso, o intérprete vai restringir o alcance da letra da lei, de modo a adequá-lo ao alcance dos elementos lógicos.

> O art. 5.º, 1 do CC prescreve que a "lei só se torna obrigatória depois de publicada no jornal oficial".
> A expressão "lei" tem um sentido genérico – toda a disposição genérica provinda dos órgãos estaduais competentes (art. 1.º, 2 do CC). Ora, há "leis", tomadas no sentido genérico, que não necessitam de ser publicadas no *Diário da República*. Por exemplo, não se publicam no *Diário da República* os diplomas das autarquias locais. Por isso, o art. 5.º,1 do CC necessita de ser interpretado restritivamente (Justo, 2011: 344-345). Não é qualquer lei que é publicada no *Diário da República*, mas tão-só as leis que o devam ser (art. 119.º da CRP e Lei nº 74/98).

6.4.5. Interpretação enunciativa

Na interpretação enunciativa, a norma que se obtém é também mais ampla do que o teor literal do texto. O que caracteriza a interpretação enunciativa é a circunstância de o intérprete usar *argumentos lógicos* para obter uma norma. Exemplo destes argumentos lógicos é o que refere que a norma que permite o mais permite o menos ou o argumento de que a norma que proíbe o menos também proíbe o mais.

> Imagine-se que uma determinada norma permite que um sujeito possa alienar determinados bens. Questiona-se se também podem ser constituídas garantias reais sobre os mesmos bens. A norma não resolve expressamente a questão. Pela interpretação enunciativa, e mais precisamente por intermédio do argumento de que a lei que permite o mais também permite o menos, dever-se-á concluir que o sujeito também pode constituir garantias reais sobre esses bens.

6.4.6. Interpretação ab-rogante ou revogatória

O caso extremo de discrepância entre teor literal e argumentos lógicos é constituído pela interpretação ab-rogante ou revogatória (Neves, 1995: 367). Convoca-se este resultado da interpretação quando a conciliação entre aqueles dois elementos é impossível. Esta impossibilidade resulta de: *a*) a expressão literal ser absolutamente incorrecta; *b*) o texto enunciar um sentido incompatível com o pensamento normativo. Não é consensual que este resultado da interpretação jurídica seja admitido na ordem jurídica portuguesa (Ascensão, 1991: 404).

Considerando-se que a interpretação ab-rogante deve ser admitida, ela tem por efeito não aplicar a norma jurídica na resolução do caso concreto (Martins, 1997: 33). E, eventualmente, dará origem a uma lacuna da lei.

6.5. Integração das lacunas
6.5.1. Noção e espécies de lacunas

O sistema jurídico *não é completo* – quer-se com esta afirmação significar que o sistema jurídico é incapaz de prever e regular todos os casos jurídicos. Por várias razões, há casos jurídicos que, reclamando uma solução do direito, não a encontram na ordem jurídica vigente. Surge, por conseguinte, o designado problema das *lacunas*. Estas consistem na "ausência duma norma jurídica que permita resolver uma situação da vida social que reclama uma solução jurídica" (Justo, 2011: 347). Ou numa outra caracterização próxima, a lacuna consiste em uma "incompletude contrária ao plano do Direito vigente, determinada segundo critérios aplicáveis da ordem jurídica global" (Machado, 1987: 194).

Várias razões explicam a existência de lacunas: *a)* a impossibilidade de o legislador antecipar (prever) todos os casos jurídicos; *b)* o dinamismo da vida social; *c)* deficiências de técnica legislativa.

São muito variadas as classificações de lacunas, dependendo do *critério* que é adotado.

Tendo em conta a intencionalidade do legislador, é possível distinguir entre *lacunas voluntárias* e *lacunas involuntárias* (Justo, 2011: 348). Distinguem-se as primeiras por o legislador ter optado deliberadamente por não regular o problema; as segundas caracterizam-se por não serem deliberadas – a omissão existe porque o legislador não previu o caso que reclama solução.

Tomando, agora, como referência o nível em que as lacunas existem, é possível distinguir entre *lacuna da lei* e *lacuna do direito* (Justo, 2011: 349).

As primeiras ocorrem no âmbito do direito legislado e podem ser lacunas: *a) manifestas, b) ocultas* e, *c) de colisão*. No caso das *lacunas manifestas* ou *patentes* a lei não apresenta nenhuma norma jurídica quando, atendendo à sua própria teleologia, o devesse ter (Machado, 1987: 196). As *lacunas ocultas* traduzem-se na falta de uma norma excecional ou de uma disposição especial para uma subcategoria de casos (Machado, 1987: 197). As *lacunas de colisão* ocorrem quando há várias normas jurídicas contraditórias e, na ausência de um critério que resolva o conflito, nenhuma pode ser aplicada. Como a aplicação simultânea é impossível, é lícito afirmar-se que as duas estatuições se anulam reciprocamente (Machado, 1987: 196). E, desta forma, surge a lacuna de colisão.

A determinação das *lacunas do direito* ocorre no âmbito mais alargado do ordenamento jurídico (e não só ao nível da lei) (Justo, 2011: 349). Apura-se, assim, que o direito positivo não apresenta solução para o caso jurídico em causa.

Finalmente, tendo como critério a *estrutura da norma jurídica*, as lacunas podem ser: *a) de previsão; b) de estatuição*. As *lacunas de previsão* "traduzem-se na falta de previsão de uma determinada situação de facto" (Justo, 2011: 350). As *lacunas de estatuição* "manifestam-se na ausência de consequências que o direito atribui à verificação duma situação de facto" (Justo, 2011: 350).

Perante casos omissos, ou seja, casos que não se encontram previstos nem regulados pelo direito vigente, o juiz não pode abster-se de julgar. A "proibição de denegação de justiça (obrigação de julgar)" (Machado, 1987: 194) decorre do art. 8º do CC nos termos do qual "o tribunal não pode abster-se de julgar, invocando a falta ou obscuridade da lei ou alegando dúvida insanável acerca dos factos em litígio".

6.5.2. Processos de integração de lacunas

Determinada a existência da lacuna, impõe-se saber como se procederá para a integrar. A integração de lacunas consiste no *processo através do qual será constituída a norma que vai preencher essa incompletude e permitir resolver o caso omisso (não regulado pelo sistema jurídico)*.

O art. 10º, 1 do CC prescreve que os casos omissos "são regulados segundo a norma aplicável aos casos análogos". Na falta de caso análogo, "a situação é resolvida segundo a norma que o próprio intérprete criaria, se houvesse de legislar dentro do espírito do sistema" (art. 10º, 3 do CC).

O CC elege, portanto, dois processos de integração de lacunas: *a*) a analogia; *b*) a criação de "norma ad hoc".

Segundo o art. 10º, 2 do CC, "há analogia sempre que no caso omisso procedam as razões justificativas da regulamentação do caso previsto na lei". A ideia que subjaz à analogia é a de que a casos semelhantes devem corresponder soluções semelhantes. São, portanto, razões de coerência normativa e de certeza jurídica que fundamentam a preferência por este processo de integração de lacunas (Machado, 1987: 202).

6.5.3. Espécies de analogia

Há duas espécies de analogia: *analogia legis* e *analogia iuris*.
A *analogia legis* parte de uma norma jurídica precisa e aplica ao caso omisso a solução que ela prevê para o caso (análogo).

> O art. 230º, 6º do CCom. determina que são comerciais as empresas que se propuserem "edificar ou construir casas para outrem com materiais subministrados pelo empresário". O preceito não resolve a questão de saber se empresas que constroem estradas, barragens ou molhes também são comerciais.
> É de entender que sim, se se aplicar analogicamente o art. 230.º, 6, CCom. ao caso omisso da qualificação civil ou comercial das empresas que constroem equipamentos que não sejam casas (Abreu, 2011: 72).

A *analogia iuris* resolve o caso omisso por intermédio de um princípio geral de direito retirado de várias normas jurídicas que comungam da mesma *ratio legis*.

O art. 10º, 1 do CC manifesta a preferência pela *analogia legis*. Não sendo possível o recurso à *analogia legis*, o aplicador do direito poderá recorrer à *analogia iuris*? Prevê o art. 10º do CC a *analogia iuris*? A resposta é sim. Há quem considere que entre a *analogia legis* e a *analogia iuris* subsiste tão-só uma diferença de grau e, portanto, o CC não afasta o recurso à *analogia iuris* (Justo, 2011: 357). E há quem considere que a *analogia iuris* está contemplada no art. 10º, 3 do CC (Sousa e Galvão, 1993: 71).

> O art. 230º, 2º do CCom. considera que são comerciais as empresas que se propuserem "fornecer, em épocas diferentes, géneros, quer a particulares, quer ao Estado, mediante preço convencionado". A lei é omissa sobre a questão de saber se as empresas de prestação de serviços são ou não comerciais. Coutinho de Abreu defende que, por *analogia iuris*, as empresas de prestação de serviços serão comerciais. Segundo esta posição, de várias normas jurídicas é extraível o "'princípio geral de direito' comercial segundo o qual as empresas de serviços são, em regra, comerciais" (Abreu, 2011: 77).

A lei *proíbe* que sejam aplicadas por analogia as normas: *a*) que definem crimes e estabelecem as respetivas penas (art. 29º, 1, 3, 4 da CRP; art. 1º, 3 do CP); *b*) de direito fiscal, segundo o que se retira do art. 103º, 2 e 3 da CRP; *c*) restritivas de direitos, liberdades e garantias, em geral, nos termos do art. 18º, 2 da CRP (Sousa e Galvão, 1993: 70); *d*) excecionais, nos termos do art. 11º do CC.

6.5.4. Criação de "norma ad hoc"

Havendo lacunas que não possam ser integradas por analogia (*legis* ou *iuris*), o caso omisso é resolvido "segundo a norma que o próprio intérprete criaria, se houvesse de legislar dentro do espírito do sistema" (art. 10º, 3 do CC).

Esta disposição do CC parece determinar que o juiz deve colocar-se na posição do legislador (da AR ou do Governo). Depois, deve considerar o "espírito do sistema" e há-de constituir uma norma *ad hoc* (vale por dizer: norma criada para resolver juridicamente o caso omisso). A norma *ad hoc* será o resultado de uma assunção objetiva e generalizadora das referências do sistema jurídico. Pretende-se evitar que seja uma norma baseada exclusivamente na subjetividade e convicções do julgador.

Importa salientar que a norma criada desta forma esgota-se no caso concreto. Ela *não é vinculativa para outros casos futuros*.

> **O QUE NÃO DEVE ESQUECER**
> ▸ Como se carateriza a ordem jurídica?
> ▸ Distinção entre sanção, coação, coercibilidade.
> ▸ O sentido da expressão "fontes do direito".
> ▸ A distinção entre lei em sentido formal e lei em sentido material.
> ▸ O valor jurídico do costume, da jurisprudência e da doutrina, enquanto fontes do direito.
> ▸ O relevo da hierarquia das fontes do direito.
> ▸ Os ramos de direito privado e de direito público.
> ▸ Como se define e qual a função da *vacatio legis*?
> ▸ Quais as formas de cessação de vigência das leis?
> ▸ Quais são os elementos da interpretação jurídica e qual o contributo de cada um deles para a fixação do sentido da norma interpretada?
> ▸ Como se distingue interpretação jurídica de integração jurídica?
> ▸ Quais são os processos de integração de lacunas?

Bibliografia

ABREU, J. M. Coutinho de (2011), *Curso de direito comercial – Introdução, atos de comércio, comerciantes, empresas, sinais distintivos*, 8ª ed., Coimbra: Almedina.

AMARAL, Diogo Freitas do, *Da necessidade de revisão dos artigos 1º a 13º do Código Civil*, Themis, 2000, p. 9-20.

AMARAL, Diogo Freitas do (2004), *Manual de introdução do direito*, vol. I (com a colaboração de Ravi Afonso Pereira), Coimbra: Almedina.

AMARAL, Diogo Freitas do, *Curso de direito administrativo* (com colaboração de Luís Fábrica, Carla Amado Gomes e J. Pereira da Silva), 3ª ed., vol I, Coimbra: Almedina, 2010.

ASCENSÃO, José de Oliveira, *O direito – Introdução e teoria geral. Uma perspetiva luso-brasileira*, 6ª ed., Coimbra: Almedina, 1991.

CANOTILHO, J. J. Gomes/MOREIRA, Vital, *Constituição da República Portuguesa anotada (artigos 1º a 107º)*, 4ª ed, vol. I, Coimbra: Coimbra Editora, 2007.

CANOTILHO, J. J. Gomes/MOREIRA, Vital, *Constituição da República Portuguesa anotada (artigos 108º a 296º)*, vol. II, Coimbra: Coimbra Editora, 2010.

CURA, António A. Vieira, "O costume como fonte de direito em Portugal", *BFD* (74), 1998, p. 241-272.

HENRIQUES, Miguel Gorjão, *Direito da União. História, direito, cidadania, mercado interno e concorrência*, 6ª ed., Coimbra: Almedina, 2010.

JUSTO, António Santos, *Introdução ao estudo do direito*, 5ª ed., Coimbra: Coimbra Editora, 2011.

MACHADO, J. Batista, *Introdução ao direito e ao discurso legitimador*, Coimbra: Almedina, 1987.

MACHADO, Jónatas E. M., *Direito da União Europeia*, Coimbra: Wolters Kluwer/ Coimbra Editora, 2010.

MARTINS, Alexandre de Soveral, *Da interpretação das leis* (Sumários desenvolvidos para apoio aos alunos da disciplina de Introdução ao Estudo do Direito do 1º ano do Curso de Direito da Universidade Internacional da Figueira da Foz), Coimbra: Fora do Texto, 1997.

NEVES, António Castanheira, *Curso de introdução ao estudo do direito* (Lições proferidas a um curso do 1º ano da Faculdade de Direito de Coimbra, no ano letivo de 1971-72), Coimbra, 1971-1972.

NEVES, António Castanheira, *Digesta. Escritos acerca do Direito, do Pensamento Jurídico, da sua Metodologia e Outros*, vol. 2º, Coimbra: Coimbra Editora, 1995 (reimp. 2011).

SANTOS, António Carlos/GONÇALVES, Maria Eduarda/MARQUES, Maria Manuel Leitão, *Direito económico*, 6ª ed., Coimbra: Almedina, 2011.

SOUSA, Marcelo Rebelo de/GALVÃO, Sofia, *Introdução ao estudo do direito*, 2ª ed., Lisboa: Publicações Europa-América, 1993.

XAVIER, Vasco Lobo, *Direito comercial* (Sumários das Lições ao 3º ano jurídico), Coimbra, 1977-1978.

Capítulo 2
A Constituição e o Estado de direito

João Pedroso

1. Constituição: uma lei fundamental

A Constituição da República Portuguesa (CRP) é a lei fundamental da ordem jurídica do Estado ao consagrar os princípios da organização do poder político e da estrutura económica e social da sociedade portuguesa. É uma lei hierarquicamente superior. Todas as outras leis e normas jurídicas da República têm de se submeter à CRP e ser elaboradas em conformidade com ela, sob pena de serem inconstitucionais. É também a lei que consagra os deveres do Estado perante os cidadãos e destes perante o Estado. A CRP é ainda o estatuto organizatório do Estado, ou seja, é a lei que define:

- A hierarquia dos atos normativos na ordem jurídica portuguesa (art. 112º);
- O modo de receção do direito internacional e comunitário na ordem jurídica interna (arts. 8º e 112º, 8);
- Os poderes dos órgãos de soberania e demais órgãos previstos na CRP;
- Os órgãos competentes para produzir normas jurídicas, quer de caráter legislativo (Assembleia da República, Governo e assembleias regionais), quer regulamentar (Governo, Regiões Autónomas e autarquias locais).

Por fim, a CRP é uma lei especial tendo em conta que é elaborada e aprovada por uma Assembleia Constituinte eleita, por voto direto e universal, especialmente para o efeito, e que só pode ser revista e alterada nos termos nela previstos (arts. 284º a 289º).

A revisão da CRP tem de respeitar os limites materiais de revisão constantes do artº 288º. Os deputados na Assembleia da República (AR) não podem, assim, rever ou alterar as matérias previstas nesta norma, designadamente, a independência e unidade do Estado, a forma de República, os direitos, liberdades e garantias, a independência dos tribunais ou a coexistência dos setores público, privado e cooperativo e social da economia.

2. A Constituição de 1976 e as suas revisões

A CRP entrou em vigor em 25 de Abril de 1976 e já foi revista sete vezes (1982, 1989, 1992, 1997, 2001, 2004, 2005). Essas revisões conservaram o essencial da sua matriz originária, mas diminuíram progressivamente a sua carga ideológico-programática (as referências ao socialismo).

A CRP foi igualmente adaptada aos princípios do Tratado da União Europeia, de Maastricht (1992) e, posteriormente, à aprovação de um tratado visando a construção e o aprofundamento da União Europeia (2004 e 2005).

Foram também promovidas alterações no domínio dos direitos fundamentais (1997), nomeadamente no direito de desenvolvimento da personalidade e foi aprofundada a autonomia político-administrativa das regiões autónomas dos Açores e da Madeira, com o reforço dos poderes das Assembleias Legislativas (2004).

A CRP está dividida em quatro partes, por sua vez divididas em títulos e em capítulos, perfazendo um total de 295 artigos. As quatro partes são antecedidas de um Preâmbulo e de onze artigos onde se enunciam os «*Princípios Fundamentais*», analisados no ponto 3 deste capítulo.

A Parte I da Constituição é dedicada aos «*Direitos Fundamentais*», ou seja, aos direitos, liberdades e garantias, e aos direitos e deveres económicos, sociais e culturais, referidos no ponto 4 deste capítulo.

A Parte II é dedicada à «*Organização Económica*», incluindo os princípios gerais da sua organização, como o da subordinação do poder económico ao poder político, o da liberdade de iniciativa e de organização empresarial, o da coexistência de setores de propriedade dos meios de produção (público, privado e cooperativo e social), bem como as orientações em matéria de política agrícola, comercial e industrial, e as regras constitucionais para a organização do sistema financeiro e fiscal, incluindo as de elaboração do orçamento. No capítulo 7, referiremos alguns dos aspetos da "Constituição económica", ao tratarmos do papel do Estado na economia como empresário ou como regulador.

A Parte III da Constituição trata da «*Organização do Poder Político*», particularmente dos órgãos de soberania, cujas funções serão analisadas no ponto 6 deste mesmo capítulo.

A Parte IV da Constituição é dedicada à «*Garantia e Revisão da Constituição*» e será referida no ponto 7 deste capítulo.

3. Os princípios fundamentais da CRP

Os *princípios fundamentais* são aqueles que fazem parte da consciência jurídica da sociedade portuguesa, ou seja, que existem como valores, em regra aceites por todos e dotados de um grande consenso (por exemplo, a democracia ou o princípio de "uma pessoa um voto"), tendo sido definidos como tal ao longo do tempo.

Estes princípios têm uma função *negativa*, definindo as zonas de fronteira por exemplo entre um Estado de direito e um Estado de não-direito ou entre o exercício legítimo do poder e o seu exercício arbitrário ou excessivo.

Os princípios fundamentais têm também uma função *positiva*, como é o caso do princípio da publicidade dos atos jurídicos. Ele impõe que estes atos sejam obrigatoriamente "notificados" aos interessados para que seja reconhecida a sua eficácia externa (cfr. arts. 119º e 268º), contribuindo, assim, para a defesa da segurança jurídica individual e coletiva.

Canotilho e Moreira (2007: 189-190) identificam três tipos essenciais de princípios fundamentais:

a) as opções políticas fundamentais conformadoras da CRP (princípio da independência nacional, princípio democrático, princípio republicano, princípio do Estado social – arts. 1º, 2º e 9º);

b) os princípios relativos à comunidade política (cidadania, território, unidade do Estado com descentralização e autonomias, sufrágio universal, representação proporcional e partidos políticos – arts. 4º, 5º, 6º e 10º);

c) e os princípios fundamentais da ordem jurídico-constitucional (da constitucionalidade, da legalidade, do Estado de direito e da receção do direito comunitário, da separação e interdependência dos poderes soberanos, da subordinação do poder económico ao poder político democrático, da coexistência dos diversos setores da propriedade – público, privado e cooperativo e social – arts. 2º, 3º, 8º, 80º, *a*) e 82º, 1).

4. Os direitos fundamentais
4.1. Os direitos, liberdades e garantias

As normas consagradoras de direitos, liberdades e garantias definem, a nível constitucional, um direito subjetivo a favor de determinados titulares (pessoas singulares e coletivas) com o correspondente dever jurídico por parte dos destinatários passivos de os cumprir (outras pessoas singulares e coletivas, incluindo o próprio Estado). Estes direitos e deveres constitucionais são de *aplicação direta e imediata* aos seus destinatários, sem necessidade de mediação ou de publicação de qualquer outra lei que os desenvolva ou regulamente (art. 18º).

São *direitos, liberdades e garantias da pessoa humana* previstos na CRP o direito à vida, à integridade pessoal, à identidade pessoal e ao desenvolvimento da personalidade, à cidadania, ao bom nome e reputação, à imagem, à palavra, à reserva da intimidade da vida privada e familiar, à proteção contra a discriminação, à liberdade e segurança, à inviolabilidade do domicílio e da correspondência, à liberdade de expressão e de informação, à liberdade de consciência, de religião e de culto, à liberdade de criação cultural, de aprender e de ensinar, à deslocação e emigração, à reunião e manifestação, associação, profissão e acesso à função pública (arts. 24º a 47º). Por exemplo, ninguém pode ser discriminado por ser pacifista ou professar uma religião diferente da maioria da população.

São *direitos, liberdades e garantias dos cidadãos* o direito de participação na vida pública, o direito de sufrágio e de acesso a cargos públicos, o direito de pertencer a um partido político, o direito de petição e de ação popular (arts. 48º a 52º).

Por fim, são *direitos, liberdades e garantias dos trabalhadores* o direito à segurança no emprego, à criação de comissões de trabalhadores e à criação e participação em sindicatos, e o direito à greve (arts. 53º a 57º). Por exemplo, nenhum trabalhador por conta de outrem pode ser despedido sem justa causa ou por motivos políticos, ideológicos ou religiosos. Uma entidade empregadora só o pode despedir nas situações previstas na lei laboral.

Existem dispersos ao longo da Constituição outros *direitos fundamentais de natureza análoga aos direitos, liberdades e garantias*, como, por exemplo, o direito de apresentação de candidaturas a um concurso público, de audiência e defesa em processo disciplinar ou o direito de não pagar impostos irregularmente aprovados (arts. 103º, 124º, 215º e 269º).

A qualificação destes direitos como de natureza análoga aos direitos, liberdades e garantias tem um efeito jurídico importante, pois permite também a sua aplicabilidade direta (arts. 17º e 18º).

4.2. Os direitos económicos, sociais e culturais

A CRP identifica vários direitos económicos, sociais e culturais: os *direitos e deveres económicos* que dizem respeito ao estatuto económico das pessoas, por exemplo, enquanto trabalhadores ou consumidores (arts. 58º a 62º); os *direitos e deveres sociais*, relativos às condições básicas de vida (segurança social, saúde, habitação) e à defesa de instituições sociais (como a família, a paternidade, a maternidade) que carecem de proteção (arts. 63º a 72º); e os *direitos e deveres culturais*, relativos a bens culturais fundamentais, como a fruição e criação cultural ou a investigação científica (arts. 73º a 79º).

A CRP classificou este tipo de direitos como direitos fundamentais, mas não lhes conferiu o mesmo estatuto especial de aplicabilidade direta de que gozam os direitos, liberdades e garantias. Para se tornarem efetivos, estes direitos necessitam ou dependem de prestações ou atividades do Estado (diferentes políticas públicas), como acontece no caso dos direitos ao trabalho, à segurança social, à saúde, à habitação, à educação, cultura e ciência, ao ensino, etc. (arts. 58º, 63º, 64º, 65º, 66º, 73º e 74º). Ou ainda do Estado e da "sociedade" em diferentes vertentes, como no caso dos direitos da família, das crianças e dos trabalhadores (arts. 59º, 67º e 69º).

Por último, há igualmente alguns direitos económicos, sociais e culturais de conteúdo negativo, ou seja, que obrigam a uma abstenção por parte do Estado ou de particulares, como é o caso do direito à propriedade privada e do direito de iniciativa privada (arts. 61º e 62º).

5. O Estado de direito democrático
5.1. A democracia política

De acordo com J. J. Canotilho e V. Moreira (2007: 205), o Estado de direito é um Estado assente na «ideia de sujeição do poder a princípios e regras jurídicas, garantindo aos cidadãos liberdade, igualdade e segurança».

O 'Estado de não direito' será, pelo contrário, aquele em que o poder político não se sujeita a limites jurídicos e onde os cidadãos não têm a sua liberdade reconhecida e protegida pelo direito. O Estado de direito é necessariamente um Estado democrático, respeitador dos direitos políticos e descentralizado (arts. 1º, 2º, 3º e 9º da CRP).

A CRP consagra a democracia representativa e o sufrágio direto, secreto e periódico, como meios privilegiados de participação política, na qual o poder político é exercido através de *eleições livres para todos*. Institui para a eleição do Presidente da República o sistema maioritário de duas voltas (art. 126º) e para a Assembleia da República e demais órgãos colegiais o sistema eleitoral de representação proporcional (arts. 113º, 149º e 260º). As várias revisões da CRP reforçaram também o papel da democracia direta (art. 245º, 2) e consagraram de forma mais relevante o papel do referendo a nível nacional (art. 115º) e local (art. 240º).

Uma outra dimensão democrática do Estado de direito engloba, desde logo, o respeito e a efetivação dos direitos fundamentais de natureza política e consequentemente a garantia do exercício do pluralismo político. Assim, o Estado democrático tem de assegurar a liberdade de expressão e de manifestação políticas, assim como a liberdade de organização política, possibilitando o acesso ao sufrágio popular e o direito de oposição (arts. 37º, 45º, 46º, 51º, 114º e 288º).

Por último, o Estado de direito democrático é, nos termos da Constituição, também um Estado descentralizado, consagrando-se a autonomia regional – regiões como a Madeira e os Açores – e local – municípios e as freguesias (arts. 225º e 235º).

5.2. A democracia económica, social e cultural

Um Estado de direito democrático não pode resumir-se apenas a uma dimensão de democracia política formal (Canotilho e Moreira, 2007: 206). A CRP consagra também a dimensão material de um Estado social ou de democracia económica, social e cultural. O objetivo é, deste modo, construir a justiça social, ou seja, obrigar o Estado a escolher, como sua prioridade, políticas públicas que eliminem ou compensem as desigualdades sociais.

O Estado tem, assim, responsabilidades na promoção do desenvolvimento económico, social e cultural da sociedade, designadamente através da satisfação de níveis básicos de prestações sociais essenciais, em especial de saúde e segurança social (arts. 63º, ss.), e da diminuição das desigualdades sociais, através da garantia do acesso à educação e à cultura (arts. 73º, ss).

6. A organização constitucional do poder político
6.1. Os princípios da tipicidade e da separação de poderes
A CRP organiza o poder político através da consagração dos princípios da tipicidade e da separação de poderes.

Em obediência ao *princípio da tipicidade* (arts. 3º e 110º), a CRP define quais os órgãos de soberania existentes, a sua formação, composição, atribuições, competências e modo de funcionamento.

Esses órgãos de soberania, nos Estados constitucionais democráticos, estruturam-se de acordo com o *princípio da separação de poderes* (legislativo, executivo e judicial). A separação de poderes traduz-se na separação e divisão de funções por órgãos de soberania também organicamente separados. Contudo, esta separação de poderes não é estanque, existindo relações de controlo e interdependência recíprocos entre os vários órgãos de soberania (art. 111º). Ela constitui uma forma de limitar o poder de cada um dos órgãos de soberania e de prevenir eventuais abusos (Canotilho e Moreira, 2010: 44-49).

A *função legislativa* pertence à AR (art. 161º), às Assembleias Legislativas das Regiões Autónomas (art. 232º) e ao Governo (art. 198º).

A *função executiva*, entendida em sentido amplo como a função de direção do Estado e de definição da sua vontade política, pertence essencialmente ao Governo (art. 197º), mas cabe também residualmente à AR (art. 161º) e ao Presidente da República (arts. 135º e 136º).

A *função jurisdicional* é exclusiva dos tribunais (art. 202º) que são órgãos independentes, sendo a magistratura judicial *autogovernada* pelo Conselho Superior da Magistratura.

6.2. Órgãos de soberania
Os órgãos de soberania são a Assembleia da República, o Presidente da República, o Governo e os Tribunais (Quadro 1).

Quadro 1
Órgãos de soberania (art. 110º)

Órgão	Titularidade
Assembleia da República	230 deputados
Presidente da República	1 Presidente
Governo	1 Primeiro-Ministro, Ministros e Secretários de Estado
Tribunais	Juízes

a) Assembleia da República

A Assembleia da República é um órgão colegial representativo «de todos os cidadãos portugueses» (art. 147º). Os deputados são eleitos segundo o método proporcional, para um mandato de quatro anos, em 22 círculos plurinominais, em listas de partidos. Contudo, o mandato obtido por cada deputado é individual, podendo continuar a ser exercido mesmo quando o deputado abandona o partido pelo qual foi eleito. Independentemente do círculo e do partido pelo qual foram eleitos, os deputados representam todo o país (art. 152º, 2).

As principais funções da AR são: (i) a função legislativa, (ii) a função eletiva e de criação de vários órgãos, (iii) a função de controlo e de fiscalização, (iv) e a função autorizante (Canotilho, 2003: 634, ss).

i) A *função legislativa* ou de "fazer leis" é a mais importante, embora não seja um exclusivo deste órgão, como já foi referido. A AR dispõe de uma *reserva absoluta de competência* em matérias sobre as quais só ela pode legislar como, por exemplo, a elaboração e a aprovação do orçamento de Estado ou a criação, extinção e modificação de autarquias locais (art. 164º). E dispõe de uma *reserva relativa de competência* em matérias em que pode escolher legislar diretamente ou autorizar o Governo a fazê-lo como, por exemplo, a criação de um imposto (art. 165º).

ii) A *função eletiva e de criação de determinados órgãos* permite à AR eleger os representantes ou membros de determinados órgãos constitucionais, como, por exemplo, nomear 10 juízes do Tribunal Constitucional (art. 222º), 7 vogais do Conselho Superior da Magistratura (art. 217º) e 5 membros do Conselho de Estado (art. 142º).

iii) A *função de controlo e de fiscalização* (art. 162º) tem por objeto as atividades do governo, da Administração pública ou do poder judicial, nomeadamente através de perguntas e interpelações (arts. 156º e 180º), da criação de comissões de inquérito (art. 178º) ou, ainda, da eventual aprovação de moções de censura (arts. 163º, 194º e 195º) as quais, se forem votadas pela maioria absoluta dos deputados em efetividade de funções, têm como consequência a demissão do Governo.

iv) Compete, igualmente, à AR a *função autorizante* de certos atos como, por exemplo, a autorização ao Governo para contrair ou conceder empréstimos (art. 161º, *h)*), a autorização ou confirmação da declaração do estado de sítio e do estado de emergência, (art. 161º, *l)* e *m)*) e as autorizações legislativas (art. 161º *d)*).

A AR é ainda o órgão competente para aprovar os tratados de participação de Portugal em organizações internacionais, de amizade, de paz, de defesa e os respeitantes a assuntos militares (art. 161º, *i)*) e para acompanhar e participar em todo o processo de construção da UE (arts. 161º, *n)* e 163º *f)*).

b) Presidente da República

O Presidente da República (PR) representa a República Portuguesa e é eleito por sufrágio universal para um mandato de cinco anos (arts. 120º e 128º), tendo, por isso, uma legitimidade democrática direta. O PR, para além de ser o chefe supremo das forças armadas, exerce pessoalmente poderes próprios: (i) de representação da República, (ii) de garante e defensor da Constituição e (iii) de direção e controlo político.

i) A *função representativa* do PR manifesta-se essencialmente no direito de consulta aos vários órgãos constitucionais e às forças atuantes da sociedade (partidos, organizações, grupos sociais e cidadãos).

ii) A *função de defender e fazer cumprir a Constituição da República Portuguesa* não é exercida em exclusividade, dados os poderes de outros órgãos como, por exemplo, o Tribunal Constitucional. Contudo, o PR pode e deve considerar-se como um *guardião da Constituição* como aliás é patente na sua declaração de compromisso no momento da tomada de posse (art. 127º), nos seus poderes de iniciativa em matéria de fiscalização da constitucionalidade por ação e omissão (art. 134º, *g)* e *h*)) e, ainda, nos seus poderes para promulgar (ou não) um diploma legal. A promulgação é o ato mediante o qual o PR atesta ou declara que um determinado diploma foi validamente elaborado por um determinado órgão, está de acordo com a Constituição (controlo constitucional formal e material). A partir do ato de promulgação, o diploma passa a valer formalmente como lei, decreto-lei ou decreto regulamentar (arts. 134º e 137º).

iii) A *função de direção e controlo político* do PR concretiza-se no exercício do direito de veto político, não promulgando um ato legislativo (art.136º), na nomeação e demissão do Primeiro-Ministro, na dissolução da AR ou dos órgãos das regiões autónomas, na convocação e marcação de eleições e no exercício de poderes "de crise" em situações excecionais como a declaração de estado de sítio ou de emergência (arts. 19º, 134º e 138º). Os poderes constitucionalmente reconhecidos ao PR não lhe permitem, assim, governar diretamente, mas apenas conformar o *estado político* do país.

O PR tem como órgão constitucional auxiliar consultivo o *Conselho de Estado* (art. 141º). O Conselho de Estado dá pareceres sobre alguns atos praticados pelo PR no uso de poderes próprios (por exemplo, dissolução da AR e dos órgãos das regiões autónomas, demissão do Governo), na declaração de guerra ou feitura da paz ou por solicitação do PR, em matérias que ele indicar (art. 145º).

c) Governo

O Governo é o órgão de soberania ao qual a CRP atribui a função de conduzir a política geral do país e superintender à Administração pública (art. 182º). A sua legitimidade democrática (indireta) advém do facto de o Primeiro-Ministro (PM), enquanto *chefe do executivo*, ser nomeado pelo Presidente da República, «tendo em conta os resultados eleitorais» para a AR (art. 187º). Em regra, é convidado para formar Governo o líder do partido mais votado. O Governo é responsável perante o PR, que o pode demitir, e perante a AR (arts. 190º, 194º e 195º, 2), que pode aprovar moções de confiança ou de censura ao Governo, o que implica a sua manutenção ou demissão.

As funções constitucionais do Governo podem agrupar-se em três tipos: *funções políticas, legislativas e administrativas*.

i) A *função política* deriva do art. 197º da CRP e compreende as funções de direção, iniciativa, coordenação, combinação, planificação e liberdade de conformação da política legislativa, regulamentar, administrativa, militar, económica, social, financeira e cultural, com o objetivo de realizar os fins constitucionalmente estabelecidos.

ii) A *função legislativa* permite ao Governo legislar através de decreto-lei sobre todas as matérias, desde que não sejam reservadas à AR, e ainda sobre as matérias referidas no art. 165º da CRP desde que devidamente autorizado pela AR (através de lei de autorização). A CRP (art. 198º) reserva ao Governo competência exclusiva para legislar em matéria respeitante à sua própria organização e funcionamento.

iii) A *função administrativa* do Governo traduz-se essencialmente na superintendência da Administração pública. No exercício desta função, o Governo pode emitir regulamentos, atos administrativos individuais e celebrar contratos (art. 199º).

d) Tribunais

Os Tribunais administram a justiça em nome do povo, defendendo os direitos e interesses dos cidadãos, impedindo a violação da legalidade democrática e dirimindo conflitos de interesses públicos e privados (art. 206º).

Segundo a Constituição, existem as seguintes categorias de tribunais (artigo 209º): Tribunal Constitucional, Supremo Tribunal de Justiça e os tribunais judiciais de primeira e de segunda instância (jurisdição ordinária ou comum), Supremo Tribunal Administrativo e os tribunais administrativos e fiscais de primeira e segunda instância, e o Tribunal de Contas[1]. A CRP prevê ainda a possibilidade de existirem tribunais marítimos, tribunais arbitrais e julgados de paz (sobre os tribunais, cfr. Capítulo 8).

---

[1] O Tribunal de Contas é «o órgão supremo de fiscalização da legalidade das despesas públicas e de julgamento das contas que a lei mandar submeter-lhe» (art. 214º). As funções do Tribunal de Contas não são apenas jurisdicionais, mas também, em alguma medida, políticas e administrativas. Compete-lhe, assim, dar parecer sobre a Conta Geral do Estado, sobre as contas das Regiões Autónomas dos Açores e da Madeira e efetivar a responsabilidade por infrações financeiras dos dirigentes da administração pública que não efetuem as despesas públicas de acordo com a lei.

A função jurisdicional está reservada aos juízes. Estes integram o poder judicial, cuja legitimidade decorre diretamente da CRP. Têm uma legitimidade democrática indireta de segundo grau, dado que a AR não elege os juízes, mas apenas define – reserva absoluta de lei da AR – o estatuto dos juízes (direitos e deveres), as suas garantias e incompatibilidades, o seu autogoverno e a sua independência, a forma do seu recrutamento e a sua nomeação através de concurso público (arts. 215º a 218º). Cabe ao *Conselho Superior da Magistratura* (CSM), presidido pelo Presidente do Supremo Tribunal de Justiça, a gestão e disciplina dos juízes da jurisdição comum. Compete-lhe, especificamente, a nomeação, a colocação, a transferência e a promoção dos juízes dos tribunais judiciais e o exercício da ação disciplinar, atuando, assim, como garante constitucional do princípio da independência externa dos juízes.

A CRP prevê ainda a existência do Ministério Público (MP) a quem cabe representar o Estado, a coletividade e as pessoas carecidas de proteção em juízo (por exemplo, crianças e outros incapazes, incertos e ausentes), participar na execução da política criminal definida pelos órgãos de soberania (AR e Governo), exercer a ação penal e defender a legalidade democrática (art. 219º). Tem ainda uma importante função consultiva do governo e da Administração pública, traduzida na emissão de pareceres por parte da Procuradoria-Geral da República.

Embora não seja um tribunal e não tenha funções jurisdicionais em sentido estrito, goza de autonomia em relação aos demais órgãos de poder.

Os magistrados do Ministério Público gozam de uma garantia constitucional de autonomia (art. 219º, 2), de autogoverno (art. 220º) e de um estatuto próprio, mas estão hierarquicamente subordinados ao Procurador-Geral da República.

6.3. As regiões autónomas

A região autónoma é a parcela do território nacional que, pelas suas características específicas, nomeadamente a nível geográfico, económico, social e cultural, assim como pelas suas aspirações autonómicas, é dotada de um estatuto político-administrativo e de órgãos de governo próprios (art. 225º).

São regiões autónomas neste momento em Portugal os arquipélagos dos Açores e da Madeira.

Os órgãos de governo dessas Regiões Autónomas são a Assembleia Legislativa e o Governo Regional (art. 231º).

A Assembleia Legislativa regional é o órgão representativo e legislativo da Região, competindo-lhe ainda a fiscalização da ação governativa. Tem competência legislativa própria e autónoma (arts. 227º, 228º e 232º), ainda que, no que se refere ao estatuto político-administrativo da respetiva região, apenas tenha poder de iniciativa legislativa (arts. 226º e 227º). A Assembleia Legislativa é eleita por sufrágio universal direto e secreto, pelo método da representação proporcional.

O Governo Regional é o órgão executivo da Região. O presidente do Governo Regional e os restantes membros são nomeados pelo «Representante da República» – nomeado pelo PR – de acordo com os resultados eleitorais para a Assembleia Legislativa, e regem-se por estatuto político-administrativo próprio (arts. 231º e 233º).

As assembleias e os governos regionais têm amplos poderes para definir as políticas de cada região, exceto no que respeita à justiça, política externa, defesa nacional e segurança interna, as quais são definidas pelos órgãos com competência nacional.

6.4. O poder local

As autarquias locais são pessoas coletivas territoriais dotadas de órgãos representativos, que visam a prossecução de interesses próprios das respetivas populações (art. 235º), tendo para o efeito autonomia patrimonial e financeira (art. 238º). O poder local integra as freguesias, os municípios e também as regiões administrativas, estas ainda não criadas por lei (art. 255º).

São órgãos das freguesias a assembleia de freguesia e a junta de freguesia (art. 244º) e dos municípios a assembleia municipal e a câmara municipal (art. 250º).

A assembleia de freguesia, a assembleia municipal e a câmara municipal são eleitas nas eleições locais. Aos órgãos do poder local podem candidatar-se, para além dos partidos, grupos de cidadãos organizados em listas independentes dos partidos.

As assembleias são órgãos de natureza deliberativa eleitos por sufrágio universal direto e secreto dos cidadãos recenseados na área da respetiva autarquia, segundo o sistema da representação proporcional (art. 239º).

A câmara municipal é constituída por um presidente (o cidadão que encabeçar a lista mais votada) e por um número de vereadores, que oscila entre os 5 e os 17, em função do número de eleitores. As juntas de freguesia são órgãos executivos constituídos por um número de membros que oscila entre os 2 e os 6 vogais, sendo o presidente da Junta de Freguesia o cidadão que encabeça a lista mais votada na eleição para a assembleia de freguesia.

6.5. Outros órgãos previstos na CRP

A CRP identifica ainda outros órgãos e entidades titulares de poderes públicos, como, por exemplo, o Provedor de Justiça, o Conselho Económico e Social, o Conselho Superior de Defesa Nacional e a Entidade Reguladora para a Comunicação Social.

a) Provedor de Justiça

O Provedor de Justiça é um órgão independente de defesa e promoção dos direitos, liberdades, garantias e interesses legítimos dos cidadãos, assegurando a justiça e a legalidade do exercício dos poderes públicos (Lei nº 9/91, de 9 de abril).

O seu titular é designado pela Assembleia da República, por um mandato de 4 anos, e tem poderes para: recolher e analisar as queixas apresentadas pelos cidadãos por ações ou omissões dos poderes públicos e dirigir aos órgãos competentes as recomendações necessárias para prevenir e reparar injustiças; assinalar as deficiências de legislação que verificar e requerer ao TC a declaração de inconstitucionalidade ou de ilegalidade de normas (art. 281º, 2, *d*) e 283º da CRP).

b) Conselho Económico e Social

De acordo com o artigo 92º da CRP, o «Conselho Económico e Social é o órgão de consulta e concertação no domínio das políticas económica e social, [que] participa na elaboração das propostas das grandes opções e dos planos de desenvolvimento económico e social (...)». O seu principal objetivo é o de promover o *diálogo social*, no âmbito de processos de tomada de decisão sobre matérias socioeconómicas, entre o Governo, os parceiros sociais (associações sindicais e empresariais) e restantes representantes da sociedade civil organizada.

Tem três tipos de competências: *consultiva* traduzida na emissão de pareceres; de *concertação social* (diálogo social); de *arbitragem de conflitos coletivos*, ou seja, de conflitos entre associações de empregadores e associações sindicais, como, por exemplo, a fixação de serviços mínimos quando se encontra convocada uma greve de trabalhadores.

c) Conselho Superior de Defesa Nacional

O Conselho Superior de Defesa Nacional (CSDN) é o órgão específico de consulta para os assuntos relativos à defesa nacional e à organização, funcionamento e disciplina das Forças Armadas (art. 274º), sendo presidido pelo PR.

d) Entidade Reguladora para a Comunicação Social

Com a revisão constitucional de 2004, a CRP passou a prever, no seu art. 39º, a regulação da comunicação social através de uma entidade administrativa independente (Entidade Reguladora para a Comunicação Social – ERC) – a única entidade deste tipo prevista na Constituição –, com vista a assegurar nos meios de comunicação social o direito à informação e a liberdade de imprensa, a não concentração da titularidade dos meios de comunicação social, a independência perante o poder político e o poder económico e o respeito pelos direitos, liberdades e garantias pessoais.

7. O controlo da constitucionalidade

A CRP prevê a fiscalização da constitucionalidade, *por omissão e por ação*, com o objetivo de assegurar a conformidade material (conteúdo das normas) e formal (competência do órgão legislador) das normas infraconstitucionais (leis, decretos-leis, etc.) com a própria Constituição.

A inconstitucionalidade *por omissão* é devida à ausência das medidas legislativas necessárias para tornar exequível a Constituição (art. 283º).

A inconstitucionalidade *por ação* ocorre quando as normas infringem o disposto na Constituição ou os princípios nela consignados (art. 277º). A fiscalização da constitucionalidade por ação pode ser (i) abstrata ou (ii) concreta.

i) A *fiscalização abstrata* é a fiscalização da constitucionalidade da norma sem ter em conta uma situação concreta a que esta seja aplicada.

ii) A fiscalização *concreta* da constitucionalidade acontece quando os tribunais judiciais recusam, em obediência ao art. 204º da CRP, a aplicação de uma qualquer norma jurídica a um caso concreto que tenham em julgamento, com fundamento na sua inconstitucionalidade material ou formal, havendo recurso obrigatório dessa decisão pelo Ministério Público para o TC (art. 280º).

Ao Tribunal Constitucional (arts. 209º e 221º) compete o controlo constitucional de normas jurídicas, em abstrato ou em concreto, antes da sua entrada em vigor (fiscalização preventiva) ou depois dela (fiscalização sucessiva) (arts. 278, ss) e ainda o controlo da legalidade do processo eleitoral (art. 223º, 2 c)).

A tarefa fundamental do TC é, portanto, a de defender a Constituição, a par do PR, apreciando a constitucionalidade dos atos dos órgãos de soberania. À jurisdição constitucional atribui-se, assim, um papel político-jurídico relevante porque lhe cabe resolver, em última instância, problemas constitucionais de especial melindre político sobre a constitucionalidade ou inconstitucionalidade de leis controversas (por exemplo, o casamento entre pessoas do mesmo sexo ou os cortes de salários na função pública).

Dos 13 juízes que compõem o TC, apenas 10 são diretamente escolhidos pela AR, sendo os outros três cooptados por estes. A eleição dos juízes pela AR exige maioria qualificada de dois terços dos deputados presentes, desde que superior à maioria absoluta dos deputados em efetividade de funções (art. 163º h)).

O QUE NÃO DEVE ESQUECER
- A CRP enquanto lei constitucional e lei fundamental
- A CRP de 1976 e suas revisões
- Os princípios fundamentais da Constituição da República Portuguesa
- Os direitos, liberdades e garantias
- Os direitos económicos, sociais e culturais
- O que é o princípio de separação de poderes e a interdependência dos órgãos de soberania
- Quais são os órgãos de soberania e as suas competências
- Como é controlada a constitucionalidade das leis

Bibliografia

CANOTILHO, José Joaquim Gomes; MOREIRA, Vital (1991), Fundamentos da Constituição. Coimbra: Coimbra Editora.

CANOTILHO, José Joaquim Gomes; MOREIRA, Vital (2007), Constituição da República Portuguesa – Volume I. Anotada. Coimbra: Coimbra Editora.

CANOTILHO, José Joaquim Gomes; MOREIRA, Vital (2010), Constituição da República Portuguesa – Volume II. Anotada. Coimbra; Coimbra Editora.

CANOTILHO, José Joaquim Gomes (2003), Direito Constitucional e Teoria da Constituição, 7º edição. Coimbra: Almedina.

Capítulo 3
O Direito da União Europeia

CATARINA FRADE

1. A integração europeia: do Tratado de Roma ao Tratado de Lisboa
A Comunidade Económica Europeia (CEE) foi instituída em 1957 pelo Tratado de Roma, assinado por seis Estados europeus: França, Alemanha, Itália, Holanda, Bélgica e Luxemburgo. Na mesma data foi também instituída a Comunidade Europeia da Energia Atómica (CEEA ou EURATOM). Estas comunidades foram antecedidas pela criação da Comunidade Europeia do Carvão e do Aço (CECA), prevista no Tratado de Paris de 1951[1].

Subjacente a este projeto de integração esteve desde o início a necessidade de estabelecer uma paz duradoura na Europa, que havia sido devastada por duas guerras mundiais na primeira metade do séc. XX, e de criar um quadro político, económico, social e cultural favorável ao seu desenvolvimento a longo prazo.

Portugal aderiu à CEE em 1985 e, ao mesmo tempo, à CECA e à CEEA.

A partir de então, Portugal ficou vinculado ao *direito comunitário originário*, ou seja, aos tratados institutivos das Comunidades acima referidas, e suas subsequentes revisões[2], e ao *direito comunitário derivado*,

---

[1] Tratado CECA, de 18 de abril de 1951 (com vigência de 50 anos), e Tratados CEE e EURATOM, de 25 de março de 1957. A totalidade do passivo e do ativo da CECA foi transferida para a Comunidade Europeia (CE) em 24 de julho de 2002.

[2] Os mais importantes tratados de revisão são o *Ato Único Europeu*, de 17 de fevereiro de 1986, o *Tratado de Maastricht*, de 7 de fevereiro de 1992, que instituiu a União Europeia, o *Tratado*

isto é, aos regulamentos, diretivas e decisões em vigor à data da adesão e aos atos normativos posteriormente aprovados (art. 288º do TFUE).

Com o *Tratado de Maastricht*, de 1992, foi instituída a *União Europeia* (UE), assente em três pilares fundamentais: o primeiro pilar, o das Comunidades, compreendia as três comunidades europeias pré-existentes; o segundo pilar correspondia à adoção de uma política externa e de segurança comum; o terceiro pilar dizia respeito ao reforço da cooperação judicial e policial em matéria criminal. É com este Tratado que é instituída a *cidadania da União* e que é formalmente adotada a criação da *União Económica e Monetária* (UEM), tendo em vista a criação de uma moeda única, o euro.

O *Tratado de Lisboa*, em vigor desde 1 de janeiro de 2010, procedeu sobretudo a uma revisão da vertente institucional da UE e criou os cargos de Presidente do Conselho Europeu e de Alto Representante da União para os Negócios Estrangeiros e Política de Segurança, uma espécie de ministro dos negócios estrangeiros da UE. À margem do Tratado foi adotada *a Carta dos Direitos Fundamentais da UE*, com força vinculativa. Entre outros, a Carta contém os direitos de proteção dos dados pessoais, de proteção da liberdade profissional e de trabalho, de proteção em matéria de despedimento, o direito à informação e o direito à igualdade.

De acordo com a revisão operada pelo Tratado de Lisboa, a União Europeia assenta hoje em dois tratados: o *Tratado da União Europeia* (TUE) e o *Tratado sobre o Funcionamento da União Europeia* (TFUE).

Em 2012, a UE integra 27 Estados-Membros[3], dos quais 17[4] adotaram o euro como moeda única.

2. Objetivos da UE

Os objetivos gerais da UE estão fixados no art. 3.º do TUE e no respetivo preâmbulo, devendo ser concretizados através das competências e meios que lhe são atribuídos pelo TFUE.

---

de Amesterdão, de 2 de outubro de 1997, o *Tratado de Nice*, de 26 de fevereiro de 2001, e, mais recentemente, o *Tratado de Lisboa*, assinado em 13 de dezembro de 2007.

[3] Alemanha, Áustria, Bélgica, Bulgária, Chipre, Dinamarca, Eslováquia, Eslovénia, Espanha, Estónia, Finlândia, França, Grécia, Holanda, Hungria, Irlanda, Itália, Letónia, Lituânia, Luxemburgo, Malta, Polónia, Portugal, Reino Unido, República Checa, Roménia, Suécia.

[4] Alemanha, Áustria, Bélgica, Chipre, Eslováquia, Eslovénia, Espanha, Estónia, Finlândia, França, Grécia, Holanda, Irlanda, Itália, Luxemburgo, Malta, Portugal.

Comparado com o projeto inicial do Tratado de Roma, a CEE ampliou os objetivos de integração. Ao lado de *objetivos ou fins económicos* predominantemente dinâmicos – como o desenvolvimento harmonioso, equilibrado e sustentável das atividades económicas, um crescimento sustentável e não inflacionista, um alto grau de competitividade e de convergência dos comportamentos das economias – surgem outros com um conteúdo aberto às *dimensões social e política* (pleno emprego e um elevado nível de proteção social, a igualdade entre homens e mulheres, um elevado nível de proteção e de melhoria da qualidade do ambiente, o aumento do nível e da qualidade de vida, a coesão económica, social e territorial, e a solidariedade entre os Estados-Membros).

3. Delimitação de competências

A UE possui as atribuições genéricas ou competências que os Estados-Membros lhe atribuíram através dos tratados – *princípio da atribuição* (de competências) (art. 5º, 1 do TUE).

O TFUE, nos arts. 2º, ss, distingue três tipos de competências da União:

a) *competências exclusivas* da UE em domínios como a união aduaneira, regras de concorrência, política monetária para os Estado-Membros da área do euro, conservação dos recursos biológicos do mar e política comercial comum;

b) *competências partilhadas* com os Estados-Membros em domínios como o mercado interno, a coesão social, o ambiente, a defesa dos consumidores, os transportes e redes transeuropeias, a energia e a justiça.

c) *competências complementares* das dos Estado-Membros, em domínios em que a UE pode apoiar, coordenar ou completar as ações dos Estado-Membros. É o caso da indústria, da cultura, do turismo, da educação ou do desporto.

Nos domínios que não sejam de atribuição exclusiva da UE continuam a afirmar-se dois princípios para regular as relações entre a UE e os Estados-Membros:

i) o *princípio da subsidiariedade* (art. 5º, 3 do TUE), segundo o qual a UE apenas intervém *se* e *na medida* em que os objetivos da ação pretendida não possam ser suficientemente realizados pelos Estados-

-Membros e possam ser mais bem alcançados ao nível da União (devido à dimensão ou aos efeitos da ação prevista);
ii) e o *princípio da proporcionalidade*, nos termos do qual tanto o conteúdo como a forma da intervenção da UE não devem exceder o que é necessário para atingir os objetivos dos Tratados (arts. 5º, 4 do TUE e 296º do TFUE).

Por exemplo, as caraterísticas técnicas da rede de transporte de alta velocidade devem ser definidas ao nível da União para a interoperabilidade da mesma no espaço europeu. A intervenção da União deve incidir apenas sobre os aspetos indispensáveis a assegurar essa interoperabilidade, mobilizando o instrumento que melhor garanta esse objetivo (por exemplo, dando preferência à diretiva sobre o regulamento). Por sua vez, qualquer Estado-Membro estará mais bem posicionado para definir as caraterísticas de uma ponte rodoviária ou das medidas de recuperação ambiental de uma ribeira situada junto a um parque industrial.

4. Instituições comunitárias e suas atribuições na esfera económica
4.1. O quadro institucional da UE

A UE possui uma pluralidade de instituições, órgãos e agências que concretizam os objetivos da União e desempenham as funções que lhe são atribuídas pelo direito da UE (cfr. Figura 1).

As instituições são o Parlamento Europeu, o Conselho Europeu, o Conselho (da UE), a Comissão, o Tribunal de Justiça da União Europeia, o Banco Central Europeu e o Tribunal de Contas (art. 13º, 1 do TUE).

Para além das instituições, existem outros órgãos e agências com funções muito variadas. De entre eles destacam-se os dois comités com funções consultivas do Parlamento, do Conselho e da Comissão: o Comité Económico e Social e o Comité das Regiões (art. 13º, 4 do TUE e arts. 300º, ss do TFUE). O Comité Económico e Social é composto atualmente por 344 membros que representam os empregadores, os trabalhadores e outros atores da sociedade civil europeia, em especial dos domínios socioeconómico, cultural, cívico e profissional. O Comité das Regiões é composto atualmente por 344 membros que representam os municípios e regiões da UE.

Nos órgãos de natureza financeira destaca-se o Banco Europeu de Investimento que concede empréstimos ou garantias para a concretização de projetos de interesse da União, tais como os que contribuem para a valorização de regiões menos desenvolvidas, para a modernização ou reconversão de empresas, para a criação de novas atividades ou para a execução de projetos de interesse comum a vários Estados-Membros (arts. 308º e 309º do TFUE).

Há ainda diversas agências especializadas, como a Agência Europeia de Patentes, com sede em Munique, a Agência Europeia do Ambiente, com sede em Copenhaga, a Autoridade Europeia para a Segurança dos Alimentos (AESA), com sede em Parma, e a Agência Europeia de Segurança Marítima, com sede em Lisboa.

Pela sua importância analisaremos de seguida cada uma das sete instituições da UE acima referidas.

Figura 1: As instituições e outros órgãos da UE
(adaptado de Tobler e Beglinger, 2010: 68)

4.2. Parlamento

O Parlamento Europeu (PE) é, conjuntamente com o Conselho Europeu, o Conselho e a Comissão, uma das quatro instituições políticas da UE.

É composto por representantes diretamente eleitos de cinco em cinco anos pelos cidadãos dos Estados-Membros, tendo em conta a respetiva população, com um mínimo de seis e um máximo de noventa deputados por país (art. 14º do TUE).

Com o Tratado de Lisboa, a composição do Parlamento Europeu deixou de constar expressamente dos Tratados, que se limitam a definir um máximo de 750 deputados mais o presidente. Cabe ao Conselho Europeu, sob proposta do Parlamento Europeu, decidir sobre o número efetivo de deputados e a sua distribuição por país.

O Parlamento Europeu partilha com o Conselho o *poder legislativo* através do chamado *processo legislativo ordinário* (arts. 289º e 294º do TFUE) (anterior processo de codecisão). O processo legislativo ordinário confere o mesmo peso ao Parlamento Europeu e ao Conselho da União Europeia em vários domínios (por exemplo, governação económica, imigração, energia, transportes, ambiente, proteção dos consumidores, etc.). A grande maioria das leis europeias (regulamentos e diretivas) são adotadas conjuntamente pelo Parlamento Europeu e pelo Conselho segundo este processo que envolve os seguintes passos:

- A Comissão apresenta uma proposta de ato legislativo ao Parlamento e ao Conselho, no âmbito do seu direito de iniciativa legislativa;
- O Parlamento e o Conselho analisam-na e discutem-na por duas vezes consecutivas;
- Após as duas leituras, se não conseguirem chegar a acordo, a proposta é apresentada ao Comité de Conciliação, órgão composto por igual número de representantes do Conselho e do Parlamento;
- Os representantes da Comissão assistem igualmente às reuniões desse Comité e contribuem para a discussão;
- Logo que o Comité tenha chegado a um acordo, o texto aprovado é enviado ao Parlamento e ao Conselho para uma terceira leitura, para que estes possam adotá-lo finalmente como texto legislativo;
- Mesmo que um texto comum tenha sido aceite pelo Comité de Conciliação, o Parlamento pode rejeitar o ato proposto por maioria dos votos expressos;

- O acordo final das duas Instituições é indispensável para a adoção do texto.

O Parlamento exerce ainda o *controlo político* da Comissão através da eleição do seu presidente e da possibilidade de votar uma moção de censura ao executivo comunitário e se esta for aprovada, a Comissão é destituída em bloco.

A intervenção mais importante do Parlamento Europeu em matéria económico-financeira situa-se no *controlo orçamental* que partilha com o Conselho. A ambos compete aprovar o orçamento anual da UE que lhes é proposto pela Comissão (art. 314º do TFUE) e controlar a respetiva execução (art. 319º do TFUE).

De referir, por fim, a existência de um órgão auxiliar do PE, por este eleito, designado por *Provedor de Justiça Europeu*. O Provedor tem competência para receber queixas de cidadãos europeus ou residentes na União, respeitantes a casos de má administração na atuação das instituições europeias, com exceção das que respeitem a funções jurisdicionais (art. 228º do TFUE).

4.3. Conselho Europeu

Embora o art. 13º do TUE coloque o Parlamento Europeu como primeira instituição, o Conselho Europeu é, na verdade, a *instituição política de topo*, visto que define as orientações e as prioridades políticas da UE e desempenha um papel decisivo na revisão dos tratados (art. 48º do TUE).

O Conselho Europeu é composto pelos Chefes de Estado ou de Governo (ou seja, o Presidente da República ou o Primeiro Ministro, de acordo com a organização constitucional de cada país[5]), o Presidente da Comissão e o Presidente do próprio Conselho Europeu. Os seus trabalhos são acompanhados pelo Alto Representante da União para os Negócios Estrangeiros e a Política de Segurança.

Erigido em instituição europeia pelo Tratado de Lisboa, não possui, contudo, competência legislativa (arts. 13º e 15º do TUE).

Pronuncia-se, em regra, por consenso, o que reforça a vertente interestadual e cooperativa na execução do Tratado (Santos, Gonçalves e Marques, 2011: 101).

---

[5] A França faz-se representar pelo seu Presidente e Portugal pelo Primeiro-Ministro.

4.4. Conselho

O Conselho (da UE) é composto por representantes dos governos dos Estados-Membros, a nível ministerial (art. 16º do TUE).

Reúne em diversas formações de acordo com os assuntos agendados (art. 16º, 6 do TUE, art. 236º do TFUE). Assim, por exemplo, no Conselho ECOFIN relativo aos Assuntos Económicos e Financeiros têm assento os ministros que em cada Estado-Membro tutelam estas matérias, normalmente os Ministros das Finanças. A sua presidência é exercida rotativamente por um Estado-Membro.

Ao Conselho cabe a definição e coordenação das políticas europeias. As suas decisões são, em princípio, tomadas por *maioria qualificada* (art. 16º, 3 do TUE).

Ao Conselho cabe o exercício do poder legislativo que partilha, em regra, como se referiu, com o Parlamento Europeu, através do denominado processo legislativo ordinário (art. 294º do TFUE). Age normalmente sob o impulso político do Conselho Europeu e obrigatoriamente sob iniciativa legislativa da Comissão (art. 289º, 1 do TFUE).

A preparação dos trabalhos do Conselho é da responsabilidade de um Comité de Representantes Permanentes dos Governos dos Estados-Membros (COREPER), que é um órgão auxiliar da UE, presidido pelo representante permanente do Estado-Membro que exerce a presidência do Conselho (art. 16º, 7 do TUE).

4.5. A Comissão

A Comissão (art. 17º do TUE e art. 244º, ss do TFUE) é a instituição que personifica e representa os interesses próprios da União nos planos interno e externo.

É composta por vinte e sete membros, um dos quais é o presidente. O presidente da Comissão é eleito pelo Parlamento Europeu, mediante proposta do Conselho Europeu tendo em conta os resultados das eleições para o PE. O Alto Representante da União para Política Externa e de Segurança, que é nomeado pelo Conselho Europeu, é, por inerência, um dos vice-presidentes da Comissão (art. 18º do TUE). Os restantes são escolhidos pelo Presidente de entre os comissários. Os comissários são indicados pelos Estados-Membros e aprovados em bloco pelo Parlamento Europeu em conjunto com o presidente indigitado da Comissão. Os membros da Comissão têm um mandato de cinco anos. O exercício das suas competências é feito em nome do interesse geral da UE e não dos interesses dos Estados de que são provenientes.

Cada comissário lidera um gabinete responsável por uma determinada política comunitária. Por exemplo, no mandato 2009-2014, o espanhol Joaquín Almunia é o comissário responsável pela política da concorrência, enquanto o francês Michel Barnier tem a seu cargo o mercado interno. Sob a tutela de cada comissário estão uma ou mais direções gerais. Os dois comissários referidos tutelam respetivamente a Direção-geral da concorrência e a Direção-geral do mercado interno e serviços.

À Comissão compete, de forma quase exclusiva, a *iniciativa legislativa* através da emissão de propostas de atos legislativos (regulamentos e diretivas) ao Conselho e ao Parlamento. É a entidade a quem compete *velar pelo cumprimento dos tratados e restante legislação europeia* dispondo, para esse efeito, de poderes para reprimir infrações em importantes áreas como a livre circulação de produtos, a concorrência ou a incorreta transposição de diretivas. É por isso designada como a «guardiã dos Tratados» (art. 17º do TUE).

Para além disso assegura o funcionamento e *desenvolvimento do mercado interno* (por exemplo, aprovando diretivas sobre a livre circulação de serviços, de pessoas ou de mercadorias), administra o orçamento europeu e gere os fundos europeus.

Nas palavras de Mathijsen (1984: 94), a Comissão «pode considerar-se como o *ramo executivo da Comunidade* [hoje UE]» e o «motor da sua atividade».

À Comissão cabe *representar a UE em organismos internacionais* como a Organização Mundial do Comércio (OMC) e negociar acordos internacionais em nome da UE (como por exemplo, o acordo de Cotonou sobre a ajuda e o comércio entre a UE e os países em desenvolvimento da África, Caraíbas e Pacífico).

4.6. O Tribunal de Justiça da União Europeia

A função jurisdicional é exercida pelo Tribunal de Justiça da União Europeia (TJUE) (art. 19º do TUE e arts. 251º, ss do TFUE). Na verdade, trata-se de uma instituição e vários tribunais, pois compreende o Tribunal de Justiça, o Tribunal Geral e tribunais especializados. O único tribunal especializado criado até ao momento é o Tribunal da Função Pública, que tem por missão decidir dos litígios entre a UE e os seus funcionários (Duarte, 2011: 121; 234, ss).

O Tribunal de Justiça é composto por um juiz oriundo de cada Estado--Membro e assistido por oito advogados-gerais que elaboram os pareceres sobre os processos submetidos ao tribunal. Ao Tribunal de Justiça compete assegurar a interpretação e aplicação uniforme do direito da UE em todos os Estados-Membros, bem como decidir os litígios entre os Estados-Membros e as instituições Europeias.

Os cidadãos e as empresas podem igualmente recorrer diretamente ao Tribunal, no caso ao Tribunal Geral, sempre que entendam que os seus direitos foram infringidos por uma instituição europeia. Ao Tribunal Geral compete ainda decidir litígios em matéria de concorrência. Este tribunal é formado por vinte e sete juízes nomeados de comum acordo pelos governos dos Estados-Membros.

Os cinco tipos de processos mais comuns apreciados pelo TJUE são os seguintes:

i) *pedidos de decisão a título prejudicial* para resolver dúvidas sobre a interpretação do direito da União a pedido dos tribunais dos Estados-Membros;
ii) *ações por incumprimento* intentadas pela Comissão contra os governos nacionais por incumprimento do direito da UE. Estas ações podem igualmente ser interpostas por um Estado-Membro contra outro pela mesma razão;
iii) *recursos de anulação* interpostos por um Estado-Membro ou qualquer instituição da UE contra legislação da UE que alegadamente viole os Tratados ou os direitos fundamentais contidos na Carta dos Direitos Fundamentais;
iv) *ações por omissão* intentadas contra uma instituição da UE pelos Estados-Membros ou demais instituições europeias por não tomar as decisões que lhe compete;
v) *ações diretas* intentadas por particulares, empresas ou organizações contra decisões e ações de instituições da UE.

4.7. O Banco Central Europeu

O Banco Central Europeu (BCE) tem como principal objetivo garantir a estabilidade dos preços (em especial nos países da zona euro) e a estabilidade do sistema financeiro, através da supervisão dos mercados e das instituições financeiras. Para o efeito trabalha com os vinte e sete bancos centrais dos Estados-Membros, que com ele formam o Sistema Europeu de Bancos Centrais (SEBC).

Coordena também com os dezassete bancos centrais da chamada *Zona Euro* («Eurossistema») a política monetária destes países, nomeadamente autorizando a emissão de moeda, fixando as principais taxas de juro, controlando a massa monetária e gerindo as reservas de divisas.

Para a realização das suas atribuições, o BCE dispõe de um verdadeiro poder normativo e decisório exclusivo e os seus membros gozam de uma independência semelhante à da Comissão. Entre os seus órgãos contam-se o *Conselho do BCE* que define a política monetária da zona euro e que é composto pela comissão executiva e pelos governadores dos dezassete bancos centrais; uma *Comissão Executiva* constituída por 6 membros (o presidente e o vice-presidente do BCE e quatro vogais) nomeados por um período de seis anos pelos governos dos países do Eurossistema; o *Conselho Geral* constituído pelo presidente e vice-presidente do BCE e pelos governadores dos bancos centrais dos vinte e sete Estados da União.

4.8. O Tribunal de Contas da UE

O Tribunal de Contas exerce o controlo financeiro da UE, verificando como é executado o orçamento da União e como são gastos os fundos comunitários (art. 285º do TFUE). Tem competência para realizar auditorias junto de qualquer pessoa ou instituição responsável pela gestão de fundos da União.

Anualmente apresenta ao Parlamento Europeu um relatório sobre o exercício financeiro do ano anterior.

É composto por um nacional de cada Estado-Membro, nomeado pelo Conselho por um período de seis anos.

5. O mercado interno e as liberdades fundamentais
5.1. O mercado interno

De acordo com o art. 26º do TFUE, o *mercado interno*, também designado por mercado único, corresponde ao espaço sem fronteiras (internas) da UE no qual são asseguradas as seguintes liberdades fundamentais: *liberdade de circulação de mercadorias, liberdade de circulação de pessoas* e de *serviços, liberdade de circulação de capitais* e *liberdade de concorrência*. Com o mercado interno pretende-se criar uma zona económica integrada, como se se tratasse de um único país, a fim de aumentar a produtividade e competitividade europeias.

A construção do mercado interno tem sido feita de forma progressiva desde a criação da Comunidade Económica Europeia, não estando ainda concluída (por exemplo, permanecem restrições à livre circulação de serviços e os sistemas fiscais nacionais não estão uniformizados). As quatro liberdades foram também ampliadas, de tal modo que deixaram de ser puras liberdades económicas para se constituírem em liberdades fundamentais.

Tal sucedeu especialmente com a liberdade de circulação de pessoas. Os cidadãos gozam dessa liberdade de circulação não apenas para trabalharem ou fazerem negócios, mas também para estudarem ou viajarem. Esta ampliação prende-se com o conceito de *cidadania da União* (arts. 20º a 25º do TFUE), introduzido pelo Tratado de Maastricht, que permite a proteção jurídica decorrente da liberdade de circulação a categorias de pessoas situadas fora do processo produtivo (estudantes, reformados, turistas).

5.2. A liberdade de circulação de mercadorias e a união aduaneira

A construção do mercado interno tem como um dos seus fundamentos a criação de uma *união aduaneira* (art. 28º do TFUE). A união aduaneira pressupõe:

(i) a fusão de diversos territórios aduaneiros num só, com a *abolição de direitos aduaneiros* e de encargos de efeito equivalente, e a *proibição de restrições quantitativas* (contingentes ou quotas) à importação e exportação ou medidas de efeito equivalente (arts. 30º e 34º, 35º do TFUE);

(ii) a fixação de uma *pauta aduaneira comum* para as relações comerciais com países terceiros de modo a permitir a aplicação uniforme da legislação aduaneira em todo o território da UE, existindo, para esse efeito, um Código Aduaneiro Comunitário[6].

A *liberdade de circulação de mercadorias* abrange tanto os *produtos originários* dos Estados-Membros, como os *produtos provenientes de países terceiros* que se encontrem na situação de livre prática. Mercadorias em *livre prática* são as que provêm de países terceiros e que cumpriram as formalidades de importação quando entraram pela primeira vez numa qualquer fronteira da

---

[6] O Código Aduaneiro Comunitário foi instituído pelo Regulamento (CEE) nº 2913/92, do Conselho, de 12.10.92 (JOCE L 302, de 19.10.1992), tendo sido objeto de várias alterações.

UE, pagando os respetivos direitos previstos na Pauta Aduaneira Comum (arts. 28º, 2 e 29º do TFUE)[7].

Mercadoria, tal como definida pela jurisprudência comunitária, é um produto apreciável em dinheiro e suscetível, como tal, de ser objeto de transações comerciais (Machado, 2010: 280). Assim, tanto é mercadoria um instrumento musical, como a eletricidade ou uma betoneira.

A liberdade de circulação de mercadorias implica, portanto, que os Estados-Membros não podem estabelecer medidas suscetíveis de dificultar, direta ou indiretamente, atual ou potencialmente, o comércio intracomunitário.

Contudo, o próprio Tratado admite algumas exceções, ou seja, restrições à liberdade de circulação de mercadorias, fundamentadas nomeadamente na proteção da saúde pública, do ambiente ou dos consumidores (art. 36º do TFUE). Por exemplo, a «doença das vacas loucas» justificou a restrição à liberdade de circulação de carne de vaca proveniente de países da UE onde a doença foi detetada.

5.3. A liberdade de circulação de pessoas e de serviços
5.3.1. A liberdade de circulação de trabalhadores assalariados

A liberdade de circulação de trabalhadores assalariados exige a eliminação de toda e qualquer discriminação em razão da nacionalidade entre cidadãos dos Estados-Membros no que se refere ao emprego, à remuneração e outras condições de trabalho (arts. 45º a 48º do TFUE).

Considera-se *trabalhador assalariado* aquele que, mediante um contrato de trabalho ou um contrato de qualquer outro tipo, exerce uma atividade profissional remunerada por conta e sob a autoridade de um empregador.

Esta liberdade compreende o direito de responder a ofertas de emprego, o direito de se deslocar, para esse efeito, no território da UE e o direito de residir no Estado onde exerce a sua atividade laboral, mesmo depois de esta ter cessado. Estes direitos são extensíveis aos membros da família do trabalhador.

---

[7] Excetuam-se as mercadorias importadas que entram na UE em regime de *draubaque*, ou seja, bens importados para serem sujeitos a uma modificação no interior da União e reexportados para países terceiros. É caso da importação de tecidos da Índia para produção de vestuário em Portugal e que é depois reexportado para os EUA.

> José Maria da Silva, engenheiro eletrotécnico, aceitou um emprego na *Société Electricité de France*, no departamento de programação, em Lyon.
> Partiu sozinho em 1990, mas passados dois anos veio buscar a sua mulher e os dois filhos, então menores de idade.
> Hoje está reformado e vive próximo de Bordéus onde reside um dos seus filhos.

5.3.2. A liberdade de estabelecimento

A liberdade ou direito de estabelecimento de pessoas singulares e de sociedades de um Estado-Membro noutro Estado-Membro compreende (arts. 49º a 55º do TFUE):

(i) o acesso às atividades não assalariadas e seu exercício de forma duradoura (trabalhadores independentes, profissionais liberais, comerciantes, artesãos, etc.);

(ii) a constituição e gestão de empresas e sociedades (liberdade de empresa), nas condições definidas pela legislação do país de estabelecimento para os seus próprios nacionais. Este direito diz respeito tanto à abertura do *estabelecimento principal*, como de *estabelecimentos secundários* (filiais, agências, sucursais), desde que estes possuam um vínculo efetivo (sede social, administração central ou estabelecimento principal) com a economia de um dos Estados-Membros.

A noção de *sociedade* é muito ampla, englobando todas as pessoas coletivas com fins lucrativos, incluindo sociedades de direito civil ou comercial, as cooperativas e outras pessoas coletivas de direito público ou privado (art. 54º do TFUE).

O direito de estabelecimento admite igualmente a fixação de restrições por parte dos Estados-Membros desde que:

(i) essas restrições se justifiquem por razões de ordem pública, saúde pública ou segurança pública;

(ii) essas restrições se apliquem igualmente aos nacionais desse Estado (princípio da proibição da discriminação fundada na nacionalidade – arts. 18º e 49º, 1 do TFUE).

Assim, qualquer Estado pode vedar o acesso ao exercício de determinada atividade económica a entidades privadas, desde que esse regime não discrimine entre cidadãos nacionais e cidadãos de outros países da União.

> José Maria da Silva, engenheiro eletrotécnico, instalou-se em 1995 em Lyon com a sua família, a fim de prestar serviços de consultoria à *Société Electricité de France*, na qualidade de profissional independente.
> Cinco anos depois, resolveu criar uma sociedade por quotas com o seu filho, que entretanto se licenciara em engenharia, para poderem prestar o mesmo tipo de serviços a outras empresas. Em 2002, abriram uma filial da sociedade em Bordéus e outra em Bilbau.

5.3.3. A liberdade de prestação de serviços

O TFUE proíbe as restrições à livre prestação de serviços na UE efetuadas por nacionais de um Estado-Membro noutro Estado-Membro (arts. 56º, ss do TFUE). O conceito de *prestação de serviços* tem natureza residual, abrangendo as *atividades remuneradas* (desde que não sejam reguladas pelas disposições relativas à livre circulação de mercadorias, de capitais ou de pessoas) que sejam efetuadas a *título ocasional* (art. 57º do TFUE). Nela se compreendem atividades muito diversas, de natureza industrial ou comercial, atividades artesanais e o exercício de profissões liberais.

A liberdade de prestação de serviços é um corolário da liberdade de circulação de pessoas, permitindo «às pessoas físicas e às sociedades nacionais de um Estado-Membro, estabelecidas no seu território, oferecer, sem se instalar, a título ocasional, serviços a clientes situados num outro Estado-Membro» (Gavalda e Parleani, 1988: 136).

> José Maria da Silva, engenheiro eletrotécnico, é um reputado profissional português residente em Coimbra, onde presta serviços de consultoria a título independente a diversas empresas nacionais e estrangeiras.
> Recentemente foi contratado pela *Société Electricité de France* para realizar um estudo sobre otimização de sistemas de fornecimento de energia em muito alta tensão. Para tal terá de se deslocar algumas vezes a França, onde permanecerá por períodos de curta duração.

5.4. A liberdade de circulação de capitais e de pagamentos

O art. 63º do TFUE prevê ainda a liberdade de circulação de capitais e a liberdade de pagamentos.

A *liberdade de pagamentos* completa a liberdade de circulação de mercadorias, de pessoas e de serviços, permitindo ao agente económico de um Estado-Membro receber a contrapartida de uma prestação efetuada noutro Estado-Membro ao abrigo daquelas liberdades: pagamento de mercadorias importadas ou exportadas, transferência de salários por trabalho dependente ou de remunerações por trabalho independente, transmissão do produto da venda de património afeto a um estabelecimento que encerrou.

A *liberdade de circulação de capitais* diz respeito a qualquer operação financeira com caráter autónomo, isto é, que não seja o corolário de uma operação realizada com outros fins (por exemplo, o pagamento de uma mercadoria importada). Assim, «os operadores do mercado interno da União Europeia podem movimentar livremente os capitais de que disponham ou que obtenham no mercado financeiro, transferindo-os de Estado-Membro para Estado-Membro ou para países terceiros, para fim de investimento direto ou meras aplicações financeiras» (Campos e Campos, 2010: 601). Pode tratar-se de investimento para a criação de empresas ou participação em empresas já existentes, incluindo a transferência dos capitais necessários para o seu funcionamento, aquisição de ações ou subscrição de obrigações, investimento em prédios rústicos ou urbanos e constituição de depósitos bancários.

Tal como nas demais liberdades, os Estados-Membros podem estabelecer limitações aos pagamentos e circulação de capitais, seja porque estes têm implicações em domínios que sejam da sua competência exclusiva (por exemplo, em matéria fiscal ou de segurança social, ou da segurança do próprio Estado), seja porque essas limitações são impostas pela própria UE relativamente a movimentos de capitais com países terceiros que causem dificuldades à UEM (Campos e Campos, 2010: 602).

José Maria da Silva, engenheiro eletrotécnico residente em Bordéus, resolveu aplicar parte das suas poupanças em Portugal e Espanha. Adquiriu ações na última fase de privatização da EDP e comprou um apartamento de férias em Ibiza. Estas operações (pagamento do apartamento e investimento em ações) foram realizadas em seu nome pela sua agência bancária em Bordéus.

5.5. A liberdade de concorrência

O TFUE atribui à UE competência exclusiva para estabelecer «as regras de concorrência necessárias ao funcionamento do mercado interno» (art. 3º, 1, *b*) do TFUE). Assim a liberdade de concorrência, embora não seja reconhecida no Tratado no mesmo plano sistemático que as restantes liberdades fundamentais que já enunciámos, é uma liberdade constituinte e fundamental para a construção do mercado interno. Sem essa liberdade efetivamente defendida, o mercado interno correria o risco de se fragmentar em diferentes mercados nacionais por via de restrições artificiais estabelecidas por acordos entre empresas (exclusividades territoriais), por abusos de posição dominante ou por concentrações lesivas da concorrência. Além disso, os Estados poderiam através de auxílios públicos (subsídios, isenções fiscais, etc.) favorecer as empresas nacionais relativamente às suas concorrentes sedeadas em outros Estados-Membros.

Mostraremos no Capítulo 7 em que termos qualquer destas práticas é proibida pelo direito da UE.

O QUE NÃO DEVE ESQUECER
- Quando foram instituídas as Comunidades e criada a União Europeia
- A reconfiguração dos tratados institutivos trazida pelo Tratado de Lisboa
- Objetivos e competências da UE
- O quadro institucional da UE
- Liberdades fundamentais da UE: liberdade de circulação de mercadorias, pessoas e serviços; liberdade de circulação de capitais; liberdade de concorrência

---

Bibliografia

CAMPOS, João Mota e CAMPOS, João Luiz Mota (2010), *Manual de Direito Europeu. O sistema institucional, a ordem jurídica e o ordenamento económico da União Europeia*, 6ª ed.. Coimbra: Coimbra Editora.

DUARTE, Maria Luísa (2011), *União Europeia. Estática e dinâmica da ordem jurídica eurocomunitária*. Coimbra: Almedina.

GAVALDA, Christian e PARLÉANI, Gilbert. (1988), *Droit Communautaire des Affaires*. Paris: Litec.

Machado, Jónatas (2010), *Direito da União Europeia*. Coimbra: Coimbra Editora.

Mathijsen, Pierre (1984), *Guia del Derecho de la Comunidad Europea*. Madrid: Banco Exterior de Espanha.

Santos, António Carlos, Gonçalves, Maria Eduarda e Marques, Maria Manuel Leitão (2011), *Direito económico*, 6ª ed.. Coimbra: Almedina.

Tobler, Christa e Beglinger, Jacques (2010), *Essential EU Law in Charts*, 2nd, "Lisbon" edition. Budapeste: Lap-és Könyvkiadó Kft.

Capítulo 4
As pessoas e os direitos

CATARINA FRADE

1. A relação jurídica
1.1. Noção de relação jurídica
O Direito existe para estruturar e disciplinar *relações* humanas por meio das quais se desenvolve a vida em sociedade. As pessoas são os atores da vida jurídica e a razão de ser de todo o Direito.

Uma *relação jurídica* é uma relação da vida social disciplinada pelo Direito, mediante a atribuição de um direito subjetivo ou potestativo a uma pessoa e a imposição de um dever jurídico ou de uma sujeição a outra pessoa (Pinto, 2005: 177). Constitui uma relação jurídica tanto a relação parental (entre pais e filhos), como a relação de arrendamento (entre o senhorio e o inquilino), de empréstimo entre o banco e o seu cliente (entre credor e devedor) ou a cessação da relação laboral por iniciativa do trabalhador (direito potestativo) que o empregador tem de aceitar (sujeição).

A relação jurídica compreende, assim, dois elementos: o *elemento ativo* que é um direito (subjetivo ou potestativo); o *elemento passivo* que consiste numa obrigação (dever jurídico ou sujeição).

1.2. Os direitos subjetivos
O *direito subjetivo* compreende o poder de exigir de outra pessoa (o titular do dever) um determinado comportamento positivo (ação) ou negativo (abstenção). A ele corresponde um *dever jurídico*, isto é, o dever de realizar em benefício de outra pessoa uma dada atividade positiva ou negativa.

É o caso do direito de exigir ao devedor o pagamento de uma quantia em dívida (ação) ou o direito de exigir que terceiros (os que não são proprietários desse bem) não invadam propriedade privada (abstenção).

Os direitos subjetivos podem ser classificados em:

(i) *direitos inatos e direitos não inatos (ou adquiridos)* – os primeiros são os que nascem com a pessoa (como o direito à vida, o direito à integridade física), e os segundos os que ela adquire posteriormente ao nascimento.

(ii) *direitos patrimoniais e direitos não patrimoniais (ou pessoais)* – são patrimoniais os direitos que sejam traduzíveis num valor pecuniário e pessoais os que o não são. Assim o direito de propriedade sobre um livro pode traduzir-se num valor monetário (o preço do livro), mas o direito à vida ou o direito à honra não (ainda que a sua violação exija a sua reparação em dinheiro como forma de compensar a dor).

(iii) *direitos absolutos e direitos relativos* – direitos absolutos são poderes diretos e imediatos sobre uma pessoa ou uma coisa, enquanto os direitos relativos são direitos a requerer um determinado comportamento de uma pessoa. Os direitos absolutos são direitos de exclusão na medida em que impõem a todas as pessoas o seu respeito e a abstenção de comportamentos lesivos. São direitos contra toda a gente, ou seja, direitos *erga omnes* a que corresponde uma obrigação passiva universal. Os direitos relativos são direitos de colaboração, na medida em que exigem uma ação ou prestação da pessoa que se obrigou perante o titular do direito (Justo, 2011: 51). São direitos contra pessoas determinadas (valem apenas *inter partes*), a que corresponde um dever especial ou particular. Por exemplo, o direito à vida ou o direito de propriedade privada são direitos absolutos, enquanto o direito do trabalhador à sua retribuição ou o direito do senhorio à entrega da casa depois de terminado o arrendamento são direitos relativos.

(iv) *direitos disponíveis e direitos indisponíveis* – são disponíveis os direitos que se podem desligar do seu titular, isto é, que são transmissíveis (por exemplo, ceder a outrem as quotas numa sociedade, vender um carro ou doar uma casa para construção de um centro de saúde). A generalidade dos direitos patrimoniais é deste tipo. Por sua vez, os direitos indisponíveis são aqueles aos quais o titular não pode validamente renunciar ou estabelecer limitações (intransmissíveis),

como sucede com os direitos pessoais e certos direitos patrimoniais (por exemplo, o direito de uso e habitação, de acordo com o art. 1488º do CC).
(v) *direitos de personalidade, direitos de crédito, direitos reais*:
   a. Os *direitos de personalidade* «são direitos que constituem atributo da própria pessoa e que têm por objeto bens da sua personalidade física, moral ou jurídica» (Fernandes, 2001: 216). São direitos que têm como objeto não a própria pessoa, mas *modos de ser* da pessoa. São, em regra, direitos absolutos, não patrimoniais e indisponíveis. Os direitos de personalidade incidem sobre a vida, a saúde, a integridade física, a honra, a liberdade, o nome, a imagem e a reserva da vida privada da pessoa (arts. 70º, ss do CC).
   b. Os *direitos de crédito*, também chamados direitos obrigacionais, correspondem ao poder de um sujeito (o credor) de exigir a outro sujeito (o devedor) uma prestação (o comportamento ou conduta que o devedor está obrigado a adotar em proveito do credor) (art. 397º do CC). Neles existe uma autoridade de uma pessoa sobre outra pessoa e não sobre uma coisa, ainda que a prestação possa dizer respeito a uma coisa (*direito a uma coisa*). Os direitos de crédito são direitos relativos, uma vez que o direito do credor, ou seja, o poder de exigir uma dada prestação, só se afirma perante uma pessoa ou pessoas determinadas (o devedor ou devedores). São também direitos disponíveis e de natureza patrimonial. Os direitos de crédito são o principal instrumento jurídico da vida económica, na medida em que estão vocacionados para enquadrar as relações de troca. Uma empreitada para a construção de uma fábrica, uma compra e venda de um armazém ou de um eletrodoméstico, o aluguer de um automóvel ou de uma grua, ou o empréstimo concedido por um banco a uma empresa ou a um indivíduo, são exemplos de relações obrigacionais onde se afirmam direitos de crédito.
   c. Os *direitos reais* são aqueles que proporcionam ao seu titular um poder direto e imediato (uma soberania ou autoridade) sobre uma coisa (uma *res*) (*direito sobre uma coisa*). Só são direitos reais aqueles que a lei prevê (princípio do *numerus clausus* – art. 1306º, 1 do CC), como acontece com o direito de propriedade (arts.

1302º, ss do CC), o direito de usufruto (art. 1439º do CC) ou o direito de uso e habitação (art. 1484º do CC). Os direitos reais, à semelhança dos direitos de personalidade, são direitos absolutos, na medida em que impõem a todas as outras pessoas o dever de não impedirem, limitarem ou perturbarem por qualquer forma a utilização exclusiva da coisa pelo seu titular. No entanto, tal como os direitos de crédito, são direitos patrimoniais e, em regra, disponíveis.

1.3. Os direitos potestativos

No *direito potestativo*, o poder conferido ao seu titular permite a produção de um efeito jurídico mediante a mera declaração de vontade desse mesmo titular. A ele corresponde uma *sujeição*, ou seja, a necessidade de ter de suportar os efeitos do direito potestativo. A sujeição, ao contrário do dever jurídico, não pode ser infringida. Por exemplo, o proprietário de um prédio encravado (sem acesso à via pública) tem o direito (potestativo) de constituir uma servidão de passagem sobre prédio vizinho, por acordo ou decisão judicial (arts. 1547º e 1550º do CC). Do mesmo modo, o trabalhador tem o direito de pôr fim a todo o tempo à relação laboral, sem que o empregador o possa evitar. Quando muito, o empregador apenas lhe poderá exigir uma indemnização por eventuais prejuízos sofridos com a imprevista decisão do trabalhador (cfr. arts. 400º, ss do Código do Trabalho).

2. Os elementos da relação jurídica

Podemos representar a relação jurídica por uma linha reta. Os pontos terminais dessa linha são as pessoas entre quem se estabelece a relação jurídica, ou seja, os *sujeitos da relação jurídica*: o titular do direito e o titular da obrigação. A relação jurídica incide sobre um *objeto*: uma coisa ou uma pessoa. E tem uma causa que é o facto ou ocorrência a que a lei atribui o efeito de constituir uma relação jurídica *(facto jurídico)*. Para que o direito e a correspondente obrigação sejam efetivos estabelecem-se sanções que constituem a *garantia* da relação jurídica (Andrade, 1987: 6).

São, por isso, elementos da relação jurídica os sujeitos, o objeto, o facto jurídico e a garantia.

3. Os sujeitos
3.1. Personalidade jurídica e capacidade jurídica

Os *sujeitos de direito* ou pessoas jurídicas são as *pessoas singulares* e as *pessoas coletivas*, quando dotadas de *personalidade* e *capacidade jurídica* (capacidade de gozo).

A *personalidade jurídica* é a suscetibilidade de ser titular de direitos e de obrigações, ou seja, de ser sujeito de relações jurídicas.

A personalidade jurídica implica a *capacidade de gozo de direitos* mais ou menos extensas por parte dos sujeitos jurídicos (art. 67º do CC)[1]. Naturalmente as pessoas coletivas não gozam dos mesmos direitos das pessoas singulares. Por exemplo, uma sociedade comercial não pode casar ou adotar uma criança.

Distinta da capacidade de gozo é a *capacidade de exercício de direitos*, ou seja, a capacidade para praticar atos jurídicos por mera ação pessoal ou através de um representante escolhido pelo próprio. Assim, uma criança pode ser titular de um bem imóvel (capacidade de gozo de direitos) sem deter capacidade de dispor dele autonomamente, através de venda ou doação (incapacidade de exercício de direitos).

3.2. Pessoas singulares

As pessoas singulares (os indivíduos) adquirem a personalidade jurídica com o nascimento completo e com vida (art. 66º do CC) e perdem-na com a morte (art. 68º, 1 do CC). Como referimos, a personalidade jurídica implica a capacidade de gozo e também a capacidade de exercício de direitos, embora esta sofra, em geral, limitações até à maioridade. Os *menores* são incapazes de efetuar, em princípio, qualquer negócio jurídico de natureza pessoal ou patrimonial (art. 123º do CC). A sua incapacidade de exercício é suprida pelo poder paternal ou, na ausência deste, por um tutor nomeado pelo tribunal (tutela).

---

[1] A personalidade jurídica é, como refere Fernandes (2001: 124, ss), um conceito *qualitativo* pois constitui o reconhecimento da dimensão jurídica da pessoa enquanto tal e desse ponto de vista não admite graus: tem-se personalidade jurídica ou não se tem, mas não se é mais pessoa ou menos pessoa. Por sua vez, a capacidade jurídica ou capacidade de gozo de direitos é um conceito *quantitativo*, uma vez que implica uma medida maior ou menor de direitos e deveres para a pessoa jurídica. Por exemplo, os menores de 16 anos não têm capacidade de gozo para casar, mas depois dessa idade a sua esfera de gozo de direitos expande-se acomodando essa relação jurídica (em abstrato).

Para além da incapacidade que resulta da menoridade, a lei estabelece outras incapacidades de exercício que decorrem da *interdição* e da *inabilitação* quando reconhecidas judicialmente, do *casamento* e da *incapacidade natural acidental*[2].

A incapacidade resultante da *interdição* é aplicável aos indivíduos maiores em virtude de situações de anomalia psíquica, surdez, mudez ou cegueira quando, pela sua gravidade e permanência, tornem o interditado incapaz de reger a sua pessoa e os seus bens (art. 138º do CC) (Pinto, 2005: 234, ss). Esta incapacidade pode ser ultrapassada, ou seja, suprida através da nomeação pelo tribunal de um representante legal. Essa nomeação pode recair nos pais ou em outra pessoa.

As pessoas sujeitas a *inabilitação* são os indivíduos maiores cuja anomalia psíquica, surdez, mudez ou cegueira, embora de caráter permanente, não seja tão grave que justifique a interdição (art. 152º do CC). Em geral, trata-se de indivíduos que se mostram incapazes de gerir o seu património por excesso de prodigalidade (prática habitual de atos ruinosos e despesas desproporcionadas ao rendimento), abuso de bebidas alcoólicas ou estupefacientes. Esta incapacidade é fixada pelo tribunal e abrange os atos de disposição entre vivos que forem referidos na sentença atendendo à especificidade do caso. É suprida através da autorização do curador nomeado judicialmente.

As restrições à livre atuação jurídica dos cônjuges em virtude do *casamento* traduzem-se, por exemplo, na incapacidade (ou, como prefere boa parte da doutrina, na ilegitimidade) de alienar ou onerar bens móveis próprios ou comuns utilizados conjuntamente pelos dois membros do casal, ou de dispor do direito de arrendamento da casa de morada de família (art. 1682º do CC). Trata-se de atos que carecem do consentimento de ambos os cônjuges.

Por fim, podem ocorrer incapacidades acidentais que não têm a ver com qualidades permanentes da pessoa em questão (art. 257º do CC). São os casos em que a declaração negocial é feita por quem, devido a qualquer causa (embriaguez, intoxicação, delírio, ira), estiver transitoriamente incapacitado de compreender o sentido dessa declaração ou impossibilitado de exercer livremente a sua vontade.

---

[2] A inabilitação e a interdição só existem a partir do momento em que são reconhecidas por decisão judicial. Antes disso podemos ter uma pessoa portadora de deficiência ou anomalia, mas não um *incapaz* ou um *interdito*.

3.3. Pessoas coletivas

As pessoas coletivas são organizações constituídas por um agrupamento de pessoas ou por um complexo patrimonial («massa de bens»), tendo em vista a prossecução de um interesse comum determinado, às quais a ordem jurídica atribuí a qualidade de sujeitos de direito, reconhecendo-as como centros autónomos de relações jurídicas (Andrade, 1987: 45). As pessoas coletivas permitem «agrupar e prosseguir interesses humanos que *não encontram suporte suficiente na pessoa física*» (Ascensão, 1998: 195).

São elementos constitutivos de uma pessoa coletiva o *substrato* e o *reconhecimento*.

i) O *substrato* é o elemento de facto adstrito a um determinado fim, isto é, o conjunto de dados pré-existentes ao reconhecimento da personalidade jurídica. São eles o pessoal ou patrimonial, o teleológico, o intencional e o organizatório.

- O *elemento pessoal* refere-se a um *grupo de pessoas* que se unem para a realização de uma finalidade comum através de meios materiais e ações pessoais. Assim acontece com o conjunto dos associados que decide constituir uma *associação* ou uma *sociedade* civil ou comercial (Pinto, 2005: 272).
- O *elemento patrimonial* corresponde a uma *massa de bens* afeta à realização de certos interesses como acontece nas *fundações*.
- Tanto o elemento pessoal como o patrimonial prosseguem uma determinada finalidade – *elemento teleológico* –, a qual deve ser legalmente possível, ou seja, não contrária à lei ou à ordem pública ou ofensiva dos bons costumes (art. 280º do CC). Não é lícito, por exemplo, constituir uma sociedade para traficar droga.
- Além disso, é preciso que exista a intenção de constituir uma nova pessoa jurídica distinta dos associados ou do fundador – *elemento intencional* –, variando o ato de constituição conforme o tipo de pessoa coletiva de que se trate (ato de constituição de associações – art. 167º do CC; contrato de sociedade – arts. 980º do CC e 7º, ss do CSC; ato de instituição de fundação – art. 186º do CC)[3].

---

[3] Sobre a constituição de sociedades comerciais, cfr. Capítulo 6.

– Por último, a pessoa coletiva pressupõe uma organização – *elemento organizatório* –, ou seja, um conjunto de regras que permitem que ela funcione como uma unidade autónoma e que normalmente estão previstas nos estatutos e no ato de constituição ou de instituição. Essas regras preveem órgãos das pessoas coletivas. Os *órgãos deliberativos* (órgãos internos), como a assembleia geral de uma sociedade, formam a vontade da pessoa coletiva. Os órgãos *representativos* cumprem as determinações dos órgãos deliberativos e representam a pessoa coletiva nas relações com terceiros. São exemplos de órgãos representativos a gerência das sociedades por quotas (art. 260º do CSC) e o conselho de administração das sociedades anónimas (art. 405º do CSC).

ii) O *reconhecimento* consiste na atribuição de personalidade jurídica ao conjunto dos elementos que compõem o substrato. É a partir do reconhecimento que a pessoa coletiva deixa de ser uma mera entidade de facto para passar a ser sujeito de direitos, centro autónomo de relações jurídicas (Pinto, 2005: 309).

3.4. Tipos de pessoas coletivas

3.4.1. Pessoas coletivas de direito público e pessoas coletivas de direito privado

São pessoas coletivas de direito público as que, segundo o ordenamento jurídico, dispõem de uma posição de autoridade que lhes permite emitir comandos vinculativos coativamente executáveis contra aqueles a quem são dirigidos (Pinto; 2005: 285). Podem ter como substrato um conjunto de população e de território (por exemplo, o Estado e as autarquias locais) ou ter uma base institucional, isto é, serem serviços e fundos do Estado e das Regiões Autónomas dotados de personalidade jurídica e encarregados de prosseguir determinados fins estatutários (por exemplo, os institutos públicos como o Instituto Nacional da Estatística).

As pessoas coletivas de direito público possuem um regime jurídico próprio caraterizado pela subordinação geral ao direito público, pelo julgamento dos seus diferendos principalmente nos tribunais administrativos, pela sujeição a um regime tributário específico (isenção, em geral, do pagamento de contribuições e impostos) e pela adoção de um regime particular para as relações de trabalho assalariado (Fernandes, 2001).

As demais pessoas coletivas são de direito privado, ainda que, em determinadas circunstâncias, o Estado lhes possa reconhecer utilidade pública, como acontece com as ordens profissionais[4].

3.4.2. Pessoas coletivas de fim altruístico e pessoas coletivas de fim egoístico

Tendo em conta o fim que prosseguem, são *pessoas coletivas de fim altruístico ou desinteressado* as que prosseguem fins sociais ou alheios (como é o caso das pessoas coletivas de direito público e das fundações) e de *fim egoístico ou interessado* as que visam a realização de interesses dos associados (como sucede com as sociedades). Por sua vez, as pessoas coletivas de fim egoístico podem subdividir-se em p*essoas coletivas de fim ideal* – as que prosseguem interesses de natureza não económica, como interesses desportivos, científicos ou artísticos – *e pessoas coletivas de fim económico* – as que procuram obter vantagens patrimoniais para os seus associados (Vasconcelos, 2010: 153). O *fim económico* pode, por sua vez, ser *lucrativo* – quando a vantagem patrimonial entra diretamente na esfera da pessoa coletiva, constituindo-se depois em lucro que será distribuído aos associados, como acontece nas sociedades – ou *não lucrativo* – quando a vantagem patrimonial entra diretamente na esfera patrimonial dos membros da pessoa coletiva, como sucede com as cooperativas (Vasconcelos, 2010: 154).

3.4.3. Associações, fundações e sociedades (art. 157º CC)

a) *Associações*

Uma a*ssociação* é uma pessoa coletiva de substrato pessoal que não tem em vista a obtenção de lucros a distribuir pelos associados. Pode ser constituída por escritura pública efetuada no notário, seguida de registo na Conservatória do Registo Comercial e posterior publicação dos estatutos no sítio do Ministério da Justiça destinado a esse efeito (arts. 158º, 167º e 168º do CC). Pode também ser constituída diretamente numa Conservatória do Registo

---

[4] Num plano diferente encontramos ainda as pessoas coletivas religiosas (arts. 33º a 44º da Lei nº 16/2001, de 22 de junho – Lei da liberdade religiosa). As igrejas, comunidades, associações e institutos religiosos podem adquirir personalidade jurídica através da inscrição no registo das pessoas coletivas religiosas (as que prosseguem atividades e fins religiosos) ou nos termos previstos no Código Civil para as pessoas coletivas privadas (as que prosseguem apenas fins religiosos).

Comercial, no balcão único designado «*Associação na hora*», escolhendo-se um modelo de estatutos previamente aprovado (Lei nº 40º/2007, de 24 de agosto). Os seus estatutos são igualmente publicados de imediato no sítio do Ministério da Justiça. À denominação escolhida poderá ser adicionada uma menção indicativa da natureza da associação (por exemplo, associação, núcleo, união, clube, coletividade).

b) *Sociedades*

Uma *sociedade* é uma entidade composta por um ou mais sujeitos, que possui um património autónomo destinado ao exercício da atividade económica, e que tem em vista, em regra, a obtenção de lucros e a sua distribuição ao(s) sócio(s) (Abreu, 2011: 38). O conceito de sociedade aqui apresentado constitui uma reconfiguração feita pela doutrina do conceito previsto no art. 980º do CC («...duas ou mais pessoas se obrigam...»), a fim de acomodar as chamadas *sociedades unipessoais*, ou seja, as sociedades em que uma pessoa singular ou coletiva é a única titular da totalidade do capital da empresa (arts. 270º-A e 488º do CSC).

As sociedades podem ser *civis* ou *comerciais*.

As *sociedades civis*, ao contrário das sociedades comerciais, não têm por objeto a prática de atos de comércio nem o exercício das atividades previstas no art. 230º do CCom. Grande parte da doutrina entende que estas sociedades não têm personalidade jurídica, na medida em que o Código Civil não as trata como pessoas coletivas. Constituem exemplos de sociedades civis as sociedades de advogados, nas quais dois ou mais advogados acordam no exercício em comum da profissão de advogado, a fim de repartirem entre si os respetivos lucros (art. 1º, 2 do DL nº 229/2004, de 10 de dezembro). Pode também ser considerada uma sociedade civil um grupo de pessoas que regular e semanalmente jogam em conjunto no Euromilhões.

As *sociedades comerciais* são as que têm por objeto a prática de atos comerciais e que adotam um dos quatro tipos de sociedades definidos na lei: sociedades em nome coletivo, sociedades por quotas, sociedades em comandita e sociedades anónimas (art. 1º do CSC)[5].

---

[5] Para maiores desenvolvimentos sobre o regime jurídico das sociedades comerciais, cfr. Capítulo 6.

c) *Fundações*

Uma *fundação* é uma pessoa coletiva que visa a prossecução de fins de interesse social, podendo ser instituída por ato entre vivos ou por testamento (art. 185º do CC, na redação da Lei nº 24/2012, de 9 de julho, que aprova a Lei-Quadro das Fundações).

Nos termos do art. 3º da Lei-Quadro das Fundações, trata-se de pessoas coletivas sem fim lucrativo, dotadas de um património suficiente e irrevogavelmente afeto à prossecução de um fim de interesse social, como, por exemplo, a investigação científica, a promoção das artes e da cultura, a proteção do ambiente e do património, o apoio humanitário, o desporto, etc.

O objetivo de uma fundação é o de prosseguir uma finalidade definida pelo instituidor da mesma, mediante o suporte de uma massa patrimonial que a isso está adstrita *por doação em vida* ou por *testamento* do instituidor.

Nos termos do art. 4º da Lei-Quadro das Fundações, as fundações podem ser *privadas* ou *públicas*.

As *fundações privadas* são fundações criadas por uma ou mais pessoas de direito privado, em conjunto ou não com pessoas coletivas públicas, desde que estas, isolada ou conjuntamente, não detenham sobre a fundação uma influência dominante. Pode ser-lhes atribuído o estatuto de utilidade pública pelo Primeiro-Ministro. São exemplos de fundações privadas a Fundação Oriente, instituída pela Sociedade de Turismo e Diversões de Macau, SARL, e destinada a prosseguir ações culturais, educativas, artísticas, científicas e sociais em Portugal e em Macau ou a Fundação Champalimaud, instituída pelo testamento de António Sommers Champalimaud, com a finalidade de desenvolver atividade de investigação científica no campo da medicina.

As *fundações públicas* são aquelas que são criadas exclusivamente por pessoas coletivas públicas (Estado, Regiões Autónomas e Municípios), dotadas de órgãos e património próprios e de autonomias administrativa e financeira. Aplica-se-lhes o regime jurídico dos Institutos Públicos (Lei-Quadro dos Institutos Públicos, aprovada pela Lei nº 3/2004, de 15 de janeiro). A Universidade de Aveiro é exemplo de uma fundação pública.

4. O objeto
4.1. Noção de coisa

O *objeto* é tudo aquilo sobre que incide o direito subjetivo (o lado ativo da relação jurídica).

O objeto da relação jurídica ou objeto de direitos pode ser uma *pessoa* ou uma *coisa* (um bem).

Os direitos sobre as pessoas existem apenas em caso muito restritos, sendo um exemplo o exercício do poder paternal que implica direitos (embora limitados) dos pais sobre os filhos.

As coisas são, por isso, o principal objeto de direitos subjetivos. Diz-se *coisa* tudo o que possa ser objeto de relações jurídicas (art. 202º do CC). O conceito jurídico de coisa não é, portanto, idêntico ao que usamos na linguagem corrente. Um pinhal ou uma biblioteca são uma coisa para o direito, mas não são na linguagem comum designados como tal.

Para que uma coisa seja objeto de relações jurídicas é preciso que seja suscetível de apropriação individual por sujeitos privados. Os bens do domínio público (bens dominiais), como uma praia, um passeio ou uma estrada, são coisas fora do comércio jurídico. A sua propriedade é exclusivamente pública (art. 84º da CRP), embora a sua exploração económica possa ser concessionada a particulares (será o caso de uma esplanada no passeio ou de um bar a funcionar na praia).

4.2. Coisa e património

Distinto de coisa é o *património*. O património é o conjunto de relações jurídicas (direitos e obrigações) avaliáveis em dinheiro de que uma pessoa é titular (por exemplo, o direito de propriedade de uma pessoa sobre um automóvel ou o direito do senhorio em receber a renda do seu inquilino). Não são as coisas que constituem o património de um sujeito, mas os direitos sobre essas mesmas coisas. O património pode ser *bruto* (global) – aquele que é constituído pelos direitos e pelas obrigações avaliáveis em dinheiro – ou *líquido* (saldo patrimonial) – o que resulta da diferença entre o valor dos direitos e o valor das obrigações.

O património não se confunde com a *esfera jurídica* de uma pessoa, visto que esta integra todas as relações jurídicas de que num dado momento essa pessoa é titular, sejam ou não avaliáveis em dinheiro. A esfera jurídica é por isso composta pelas relações jurídicas de natureza *patrimonial* e pelas de natureza *não patrimonial* ou *pessoal* (caso dos direitos decorrentes das relações de parentesco ou da sucessão testamentária, por exemplo).

4.3. Classificação das coisas
O art. 203º do CC possui uma classificação não exaustiva de coisas, à qual a doutrina acrescenta outras categorias. Do conjunto, importa destacar as seguintes:

a) Coisas corpóreas e incorpóreas
Coisas *corpóreas ou materiais* são bens físicos que podem ser objeto de um direito de propriedade ou de outros direitos reais (uma caneta, um computador ou uma moradia). Coisas *incorpóreas ou imateriais* são criações do engenho humano, como sejam obras literárias, científicas ou artísticas, ou invenções industriais (Andrade, 1987: 192). Constituem o objeto dos direitos de propriedade intelectual ou industrial.

b) Coisas móveis e imóveis
São coisas *imóveis* todas as que estão enunciadas no art. 204º do CC e *coisas móveis* as restantes (art. 205º CC).
De acordo com o artigo 204º CC, são imóveis:
- os prédios rústicos (por exemplo um olival, um terreno) e os prédios urbanos (por exemplo uma casa de habitação, um edifício de escritórios);
- as águas, (correntes de água, lagos e lagoas, fontes);
- as árvores, arbustos e frutos naturais enquanto estiverem ligados ao solo (mas não os frutos que estão à venda num supermercado ou a cortiça depois de extraída do sobreiro);
- os direitos inerente aos imóveis (um usufruto, uma hipoteca ou uma servidão[6]);
- as partes integrantes dos prédios (uma antena parabólica, um toldo, um muro, um elevador).

O regime jurídico dos bens ou coisas imóveis é mais garantístico (mais forte) do que o dos bens ou coisas móveis. Há, contudo, bens móveis sujeitos a um regime jurídico semelhante ao dos imóveis. É o caso dos automóveis e dos barcos (móveis sujeitos a registo público).

---

[6] Mas não o direito de arrendamento visto que o arrendatário não tem qualquer direito sobre o prédio arrendado, mas apenas a que o senhorio lhe proporcione e assegure o uso e fruição desse prédio (Andrade, 1987: 244).

c) Coisas simples e coisas compostas

Coisa *simples* é aquela que pela sua funcionalidade e uso comum é considerada como uma unidade, ainda que formada por vários elementos (por exemplo, um anel de brilhantes ou um baralho de cartas).

Coisa *composta ou universalidade de facto* é uma pluralidade de coisas móveis que pertencem à mesma pessoa e têm a mesma finalidade económica, embora cada uma das suas componentes tenha uma individualidade própria que lhe permite ser objeto de negócios jurídicos autónomos. Como exemplos podemos referir um rebanho, uma biblioteca ou uma coleção de pintura. Qualquer das coisas que compõe estas universalidades pode ser objeto autónomo de relações jurídicas, sem pôr em causa a existência da coisa composta ou universalidade. Assim, uma primeira edição da *Mensagem* de Fernando Pessoa, pode ser retirada da biblioteca a que pertence e vendida num leilão. O mesmo não acontece com uma carta de um baralho, a qual não tem individualidade jurídica própria fora do conjunto a que pertence (Lima e Varela, 1987: 199, ss).

d) Frutos e benfeitorias

Diz-se fruto de uma coisa tudo o que ela produz periodicamente sem prejuízo da sua substância (art. 202º do CC). Tanto podem ser os pêssegos do pessegueiro, a cortiça do sobreiro, as rendas de um apartamento ou os juros de um depósito. As *benfeitorias* são todas as despesas efetuadas para melhorar ou conservar uma coisa (art. 216º do CC).

5. O facto jurídico

O facto jurídico é todo o acontecimento natural ou toda a ação humana que produz consequências jurídicas, ou seja, que constitui uma relação jurídica nova.

Os factos jurídicos podem *lícitos* ou *ilícitos*, sendo os primeiros conformes à ordem jurídica e os segundos por ela reprovados, importando uma sanção para o seu autor.

Os factos jurídicos podem também ser *voluntários* ou *involuntários*. Os factos jurídicos voluntários são os que resultam de uma manifestação de vontade de um sujeito. Estes podem subdividir-se em *negócios jurídicos* e *atos jurídicos*.

Os negócios jurídicos são factos cujo núcleo essencial compreende uma ou mais declarações de vontade a que a ordem jurídica atribui determinados efeitos coincidentes com essa mesma vontade (Pinto, 2005: 356)[7]. É o que sucede com os contratos, como os de compra e venda ou de arrendamento, ou com o testamento.

Por sua vez, os atos jurídicos são atos que produzem efeitos jurídicos sem que para tal seja necessária uma manifestação de vontade expressa do seu autor. É a lei que associa o efeito a um determinado comportamento. Assim sucede com o achado de uma coisa perdida (art. 1323º do CC) ou de um tesouro (art. 1324º do CC).

6. A garantia

A garantia constitui o conjunto de meios sancionatórios disponibilizados pelo Estado, através dos tribunais, que permitem assegurar o cumprimento do dever jurídico, no caso de este não ser voluntariamente satisfeito pelo sujeito passivo da relação.

A forma mais frequente de garantia é a *indemnização* dos danos patrimoniais ou não patrimoniais (danos morais) causados ao titular do direito[8]. Embora possa haver lugar à reconstituição natural da situação lesada, é frequente que essa indemnização se faça pelo equivalente em dinheiro. Para esse efeito, o Estado pode determinar a apreensão dos bens do lesante necessários à satisfação do lesado.

O titular do direito ofendido não pode agir mediante a sua própria força contra o obrigado, fazendo justiça por suas próprias mãos. Salvo situações excecionais previstas na lei, não está prevista a autodefesa do direito[9].

---

[7] Para maiores desenvolvimentos, cfr. Capítulo 5.
[8] Sobre a obrigação de indemnizar, cfr. Capítulo 5.
[9] Sobre a tutela de direitos, cfr. Capítulo 8.

O QUE NÃO DEVE ESQUECER
- O que é a relação jurídica
- O que são direitos subjetivos e direitos potestativos
- A diferença entre direitos absolutos e direitos relativos
- O que são direitos de personalidade, direitos de crédito e direitos reais
- Quais são os elementos da relação jurídica
- Quais são os sujeitos de direito
- Distinguir personalidade jurídica, capacidade de gozo e capacidade de exercício de direitos
- O que é o substrato e o reconhecimento das pessoas coletivas
- Quais os tipos de pessoas coletivas
- Noção de coisa e de património

Bibliografia

ABREU, J. M. Coutinho de (2011), *Curso de Direito comercial*, vol. II. *Das Sociedades* 4ª ed., Coimbra: Almedina.

ANDRADE, Manuel de (1987), *Teoria geral da relação jurídica*, vol. 1. Coimbra: Almedina.

ASCENSÃO, José de Oliveira (1998), *Direito Civil. Teoria Geral*, vol. 1. Coimbra: Coimbra Editora.

FERNANDES, Luís Carvalho (2001), *Teoria Geral do Direito Civil*, vol. 1. Lisboa: Universidade Católica Editora.

JUSTO, António Santos (2011), *Introdução ao estudo do direito*, 5ª ed.. Coimbra: Coimbra Editora.

PINTO, Carlos Alberto da Mota (2005), *Teoria Geral do Direito Civil*, 4ª ed. (Por António Pinto Monteiro e Paulo Mota Pinto). Coimbra: Coimbra Editora.

LIMA, Fernando Pires e VARELA, João Antunes (1987), *Código Civil Anotado*, vol. 1. Coimbra: Coimbra Editora.

VASCONCELOS, Pedro Pais (2010), *Teoria Geral do Direito Civil*, 6ª ed.. Coimbra: Almedina.

Capítulo 5
Os contratos e a responsabilidade civil

Maria Elisabete Ramos

1. Noção e relevo económico das obrigações

As empresas são criadas para o exercício de atividades económicas. Para tanto, necessitam de determinados recursos (por exemplo, trabalho, matérias primas, capital, etc.). É também necessário conseguir escoar/distribuir os bens ou serviços produzidos. "Sob o ponto de vista funcional, as obrigações são o veículo jurídico-privado por excelência da movimentação dos bens e serviços e da cooperação entre os homens; são o instrumento da dinâmica da vida jurídico-privada" (Pinto, 2005: 119).

Do ponto de vista jurídico, as *obrigações* estão presentes nos momentos da criação, gestão e exploração da empresa. Considerem-se, por exemplo, a obrigação de entrada do sócio, os deveres dos administradores de sociedades e as obrigações da empresa para com os seus trabalhadores, para com os fornecedores ou com os clientes.

Juridicamente, a *obrigação* consiste no "vínculo jurídico por virtude do qual uma pessoa fica adstrita para com outra à realização de uma prestação" (art. 397º do CC). A pessoa que tem a faculdade de exigir a obrigação designa-se *credor*; a pessoa que se encontra vinculada a realizar a prestação designa-se *devedor*. A prestação é o comportamento ou a conduta que o devedor está vinculado a adotar.

Esse comportamento em que se traduz a prestação pode ser *positivo*: por exemplo, entregar uma quantia em dinheiro, pintar um muro, pintar um retrato, conceder uma coisa móvel ou imóvel a outrem para uso e fruição deste, depositar uma coisa, restituir uma coisa, transportar uma coisa.

Também pode acontecer que a prestação se concretize em uma *conduta negativa*, ou seja, ao devedor é exigida uma *abstenção* ou *omissão*. Considerem-se, a título de exemplo, a obrigação de não concorrência e a obrigação de não publicação de determinada obra.

2. Elenco das fontes das obrigações

O CC regula as seguintes *fontes das obrigações*: *a*) o contrato (arts. 405º, ss); *b*) o negócio jurídico unilateral (arts. 457º, ss), *c*) a gestão de negócios (arts. 464º, ss); *d*) o enriquecimento sem causa (arts. 473º, ss); *e*) a responsabilidade civil (arts. 483º, ss).

Do ponto de vista económico, é muito diverso o peso de cada uma das fontes das obrigações. Destacam-se pelo seu relevo económico e jurídico o *contrato* e a *responsabilidade civil*. O contrato porque é o instrumento privilegiado da autonomia privada, idóneo para a composição dos interesses privados. A responsabilidade civil porque é o mecanismo destinado a reparar danos sofridos pelo lesado.

3. Economia de mercado e autonomia privada

Um dos pilares do modelo económico subjacente à nossa Constituição é o da *economia de mercado*. Neste modelo é reconhecida a propriedade privada, é fomentada a liberdade de empresa, é estimulada a concorrência e é entregue ao setor privado a posição central no processo económico (Santos *et al*, 2011: 40). Do ponto de vista jurídico, o motor que impulsiona o funcionamento deste modelo é a *autonomia privada*.

Literalmente, a autonomia (do grego "auto", próprio, e "nomos", regra) privada consiste "na possibilidade que alguém tem de estabelecer as suas próprias regras" (Leitão, 2009: 21). Juridicamente, a *autonomia privada* consiste na possibilidade de os privados e as empresas regularem os seus próprios interesses e de estabelecerem, com base no consenso, os efeitos jurídicos que se irão repercutir na sua esfera jurídica. Assim, a autonomia privada devolve aos cidadãos e empresas a decisão sobre a apropriação, manutenção e alienação de bens, sobre a criação, gestão, organização e extinção de empresas, sobre os negócios que tais empresas vão celebrar, etc.

A autonomia privada exerce-se, essencialmente, através do *negócio jurídico* (contrato e negócio jurídico unilateral). Significa a autonomia privada que a produção de efeitos jurídicos (constituição, modificação e extinção de relações jurídicas) resulta essencialmente de *atos de vontade*. Será através dos *negócios jurídicos* que os particulares e as empresas vão regular e compor os seus interesses.

"Os negócios jurídicos são atos jurídicos constituídos por uma ou mais declarações de vontade, dirigidas à realização de certos efeitos práticos, com intenção de os alcançar sob tutela do direito, determinado o ordenamento jurídico a produção dos efeitos jurídicos conformes à intenção manifestada pelo declarante ou declarantes" (Pinto, 2005: 379).

Os negócios jurídicos compreendem os *negócios jurídicos unilaterais* e os negócios *jurídicos bilaterais ou contratos*. Os negócios jurídicos unilaterais são compostos por uma única declaração de vontade; os negócios jurídicos bilaterais ou contratos são constituídos por duas ou mais declarações de vontade convergentes, tendentes à produção de um resultado jurídico unitário (Pinto, 2005: 104, 105). Só há contrato quando uma parte apresenta uma *proposta* e essa proposta merece a *aceitação* da outra parte. Não haverá contrato de compra e venda, se A propõe a B comprar uma joia de que este é dono e este recusa a proposta. Em regra, esta decisão de não vender é insindicável – é uma expressão da autonomia privada.

É no *domínio contratual* que a autonomia privada assume todo o seu relevo e a sua dimensão mais visível é a *liberdade contratual*. A liberdade contratual, consagrada no art. 405º do CC, encontra a sua mais ampla expressão no domínio dos *contratos obrigacionais* (Pinto, 2005: 105).

Em síntese: por intermédio da autonomia privada, cidadãos e empresas decidem, tendo em conta os seus interesses e necessidades, que negócios aceitam celebrar e a que obrigações aceitam vincular-se. O que quer dizer que muitas (mas não todas) das obrigações a que pessoas e empresas se vinculam têm a sua fonte em atos de vontade.

4. Os contratos
4.1. Liberdade contratual
4.1.1. Noção e manifestações

O *princípio da liberdade contratual* está consagrado no art. 405º do CC. Determina este preceito que "dentro dos limites da lei, as partes têm a faculdade de fixar livremente o conteúdo dos contratos, celebrar contratos diferentes dos previstos neste código [o CC] ou incluir nestes as cláusulas que lhes aprouver".

Embora a norma do art. 405º do CC se centre na *liberdade de estipulação*, a doutrina considera que o princípio da liberdade contratual compreende: *a*) a liberdade de celebração e *b*) a liberdade de estipulação.

4.1.2. Liberdade de celebração

A *liberdade de celebração* significa que cabe aos particulares e empresas decidir se contratam ou não, podendo, pois, recusar a celebração do contrato. Segundo este princípio, "a ninguém podem ser impostos contratos contra a sua vontade ou podem ser aplicadas sanções por força de uma recusa de contratar nem a ninguém pode ser imposta a abstenção de contratar" (Pinto, 2005: 107). Em regra, é *legítima* a recusa da celebração de contratos.

Excecionalmente, a lei estabelece algumas restrições à liberdade de celebração dos contratos. São os casos em que a lei prevê: *a*) o dever jurídico de contratar; *b*) a proibição de celebrar contratos com determinadas pessoas; *c*) a necessidade de autorização de outrem para celebrar o contrato.

São exemplo do *dever jurídico de contratar* o dever de a seguradora do ramo automóvel escolhida pelo proponente ou indicada pelo Instituto de Seguros de Portugal aceitar a celebração do contrato de seguro de responsabilidade civil automóvel (arts. 1º e 11º do DL nº 522/85, de 31 de dezembro) ou o dever de prestação de serviços que impendem sobre os médicos em caso de urgência (art. 13º do Estatuto da Ordem dos Médicos, aprovado pelo DL nº 282/77, de 5 de julho).

A *proibição de celebrar contratos com determinadas pessoas* está consagrada, por exemplo, nos arts. 877º e 953º do CC. No plano societário, é proibido à sociedade conceder empréstimos ou créditos a administradores (art. 397º, 1 do CSC).

A *necessidade de autorização* para celebração de determinado contrato resulta, por exemplo, das normas que fazem depender a aquisição de explosivos da autorização do Comando Geral ou dos comandos distritais da PSP (art. 22º, 3 do DL nº 376/84, de 30 de novembro). No plano societário, os contratos entre a sociedade anónima e os seus administradores estão dependentes de *autorização* do conselho de administração e de parecer favorável do conselho fiscal ou da comissão de auditora (art. 397º, 2 do CSC).

4.1.3. Liberdade de estipulação do conteúdo contratual

Ao abrigo deste princípio, as partes podem: *a*) realizar os contratos que se encontram regulados na lei – os chamados *contratos típicos ou nominados*;

b) celebrar contratos típicos, mas acrescentando-lhes as cláusulas que lhes aprouver e até conjugar dois ou mais contratos diferentes; *c)* celebrar contratos não previstos na lei – os chamados contratos *inominados ou atípicos*.

O CC regula os seguintes contratos: compra e venda (arts. 874º, ss), doação (arts. 940º, ss), sociedade (arts. 980º, ss), locação (arts. 1022º, ss), arrendamento (arts. 1064º, ss), parceria pecuária (arts. 1121º, ss), comodato (arts. 1129º, ss), mútuo (art. 1142º). O contrato de trabalho é caracterizado no art. 1152º do CC, mas a sua regulação resulta do Código do Trabalho.

Entre os contratos de prestação de serviços, o CC regula o mandato (arts. 1157º, ss), o depósito (arts. 1185º, ss) e a empreitada (arts. 1207º, ss).

Por fim, são regulados os contratos de renda perpétua (arts. 1231º, ss), renda vitalícia (arts. 1238º, ss), jogo e aposta (arts. 1245º, ss) e transação (arts. 1248º, ss).

Fora do CC são previstos e regulados outros contratos. Pense-se, por exemplo, nos contratos de intermediação financeira, previstos nos arts. 321º, ss do CVM.

A liberdade de estipulação *não é irrestrita*. Ela conhece várias *limitações legais*. A título de exemplo, considerem-se as seguintes: *a)* o objeto do contrato deve cumprir os requisitos do art. 280º do CC; *b)* são proibidos e anuláveis os negócios usurários (art. 282º do CC); *c)* as partes devem respeitar a boa-fé (art. 762º, 2 do CC); *d)* alguns contratos nominados apresentam normas imperativas que não podem ser afastadas (por exemplo, o direito a férias é irrenunciável, nos termos do art. 237º, 3 do CT); *e)* são proibidos e nulos os contratos entre empresas que tenham por objeto ou efeito restringir ou falsear a concorrência (arts. 101º, 1 do TFUE e art. 9º da Lei nº 19/2012).

4.2. Princípio da boa-fé

Deve distinguir-se entre *boa-fé em sentido subjetivo* e *boa-fé em sentido objetivo*. A boa-fé em *sentido objetivo* constitui "uma *regra de conduta* segundo a qual os contraentes devem agir de modo *honesto, correto* e *leal*, não só impedindo assim comportamentos *desleais* como *impondo* deveres de *colaboração* entre eles" (Pinto, 2005: 125).

A boa-fé *subjetiva* traduz a convicção de o sujeito estar a adotar um comportamento conforme ao direito por desconhecer ou ignorar qualquer circunstância anterior, ou por desconhecer que está a lesar um direito alheio (Pinto, 2005: 125).

Este princípio da boa-fé em sentido objetivo está presente na formação do contrato (art. 227º do CC), no exercício dos direitos que resultam do contrato e no cumprimento das obrigações que resultam do contrato (art. 762º do CC).

A violação da boa-fé pode determinar *responsabilidade civil pré-contratual*, *responsabilidade civil contratual* ou mesmo *responsabilidade civil pós-contratual*, consoante o momento em que ocorra a violação (Pinto, 2005: 126, 127).

4.3. Princípio da força vinculativa

Como vimos, os contratos são fontes de obrigações que vinculam as *partes que neles intervêm*. Por exemplo, o comprador obriga-se a entregar o preço e o vendedor obriga-se a entregar a coisa (art. 879º do CC).

Celebrado um contrato válido e eficaz, as partes estão obrigadas por ele. O contrato "constitui lei imperativa entre as partes" (Costa, 2009: 312). A este princípio costuma dar-se o nome de *princípio da força vinculativa ou da obrigatoriedade* (Costa: 2009: 312).

Deste modo, o contrato "deve ser pontualmente cumprido" (art. 406º, 1 do CC). Significa esta prescrição que as partes devem cumprir integralmente todas as estipulações (cláusulas) do contrato.

Por outro lado, a força vinculativa também determina que o contrato só por acordo ou mútuo consenso pode ser modificado ou extinto. O que significa que, em regra, nenhuma das partes tem o poder de impor à outra a modificação ou a extinção do contrato.

Em regra, o contrato não produz efeitos relativamente a pessoas que não são parte no contrato. A este princípio dá-se o nome de *princípio da eficácia relativa dos contratos*. Quer este princípio significar que ninguém se torna devedor ou credor contra a sua vontade. Só as partes no contrato – consideram-se partes os contraentes originários, os respetivos herdeiros e sucessores – estão obrigadas a cumprir as obrigações que dele resultam e só as partes no contrato podem exigir o cumprimento dos direitos criados pelo contrato. Só o vendedor pode exigir o pagamento do preço e só o comprador pode exigir a entrega da coisa comprada.

O princípio de que os contratos só podem ser modificados ou extintos por mútuo consenso das partes sofre *desvios*. Há situações em que a lei ou o próprio contrato permitem que uma das partes possa impor à outra a cessação do contrato. É o que acontece nos casos de *resolução, denúncia* e *revogação*.

Por intermédio da *resolução*, há um ato de um dos contraentes dirigido à cessação do contrato e que "tende a colocar as partes na situação em que teriam se o contrato se não houvesse celebrado" (Costa, 2009: 319). A faculdade de resolução pode resultar da lei ou do contrato.

Com a *revogação*, o contraente põe termo ao contrato, emitindo uma declaração oposta à primitiva que lhe deu vida (Costa, 2009: 321). A possibilidade de revogação pode ter fonte na lei ou no contrato.

A *denúncia* traduz-se na "manifestação da vontade de uma das partes, em contratos de prestações duradouras, dirigida à sua não renovação ou continuação" (Costa, 2009: 322). A possibilidade de denúncia pode ter fonte na lei ou no contrato. Por exemplo, é frequente que os contratos de arrendamento para habitação prevejam a possibilidade de o senhorio denunciar o contrato no fim do prazo, impedindo que seja renovado o prazo do contrato.

Também são conhecidos *desvios ao princípio de que o contrato só produz efeitos entre os contraentes*. Em algumas situações, é admitido que o contrato possa produzir efeitos relativamente a terceiros. Quer-se com esta expressão significar que pessoas que não são contraentes podem exigir o cumprimento de direitos que resultam do contrato ou estão vinculadas a obrigações que resultam do contrato. Um dos exemplos é o chamado *contrato a favor de terceiro*, caracterizado no art. 443º do CC.

4.4. Liberdade de forma

A *forma* dos negócios jurídicos é a sua "roupagem exterior" (Pinto, 2005: 392), é a formalidade ou a solenidade que deve ser observada para que o negócio seja validamente celebrado. Como exemplo de forma exigida por lei, pode ser apresentada a *escritura pública* ou a *redução das declarações de vontade em um documento escrito*. É o caso do contrato de sociedade que deve ser reduzido a escrito com as assinaturas dos sócios reconhecidas presencialmente (art. 7º do CSC).

Em matéria de forma, rege o princípio de que basta o acordo de vontades para que o contrato se considere validamente concluído. Este princípio, designado, *princípio da consensualidade*, está consagrado no art. 219º do CC. Decorre deste princípio que o contrato não necessita de uma determinada forma (por exemplo, escritura pública) para ser considerado válido e perfeito. Exemplos de contratos consensuais são a compra de um par de sapatos, as compras que fazemos no supermercado, a prestação de serviços realizada por um cabeleireiro ou a prestação de serviços realizada por um restaurante ou por um hotel.

Por razões de segurança jurídica e de prova dos acordos celebrados, em certos casos a lei impõe que o contrato seja celebrado em documento escrito, tenha a intervenção do notário (que lavra a escritura pública) ou de outra autoridade. São *formais* os contratos para os quais a lei exige, além do acordo das partes, a realização de determinadas formalidades (Costa, 2009: 284).

Exemplo de contrato formal é a compra e venda de imóvel que necessita de ser celebrado por escritura pública ou por documento particular ou autenticado (art. 875º do CC).

Nos termos do art. 220º do CC, "a declaração negocial que careça da forma legalmente prescrita é nula, quando outra não seja a sanção especialmente prevista na lei".

4.5. Cláusulas contratuais gerais

As cláusulas contratuais gerais e os contratos de adesão representam uma significativa limitação *prática* à liberdade de estipulação por parte do consumidor.

As cláusulas contratuais gerais *são estipulações negociais, pré-elaboradas pela empresa que fornece o serviço ou o bem, que se destinam a integrar múltiplos contratos do mesmo tipo*. Elas constituem uma restrição prática à liberdade de estipulação porque aos consumidores é vedada a possibilidade de alterarem essas estipulações pré-elaboradas. Ao consumidor assistem as alternativas de aceitar ou não o contrato. Daí que este contrato seja designado *contrato de adesão (que, em regra, é constituído por cláusulas contratuais gerais)*.

As cláusulas contratuais gerais estão presentes nos contratos de seguro, de transporte aéreo, de operações bancárias como abertura de conta, de fornecimento de água, luz e eletricidade, etc.

Justamente para travar os possíveis abusos, o DL nº 446/85, de 25 de outubro, regula o regime das cláusulas contratuais gerais. Entre outros aspetos, esta disciplina visa impedir cláusulas abusivas.

5. Negócios unilaterais

Também os negócios jurídicos unilaterais são *fonte de obrigações* para o declarante. Nos negócios unilaterais "há somente a manifestação de uma vontade, ou (...) havendo várias declarações de vontade, todas elas têm o mesmo conteúdo, são declarações concorrentes ou paralelas" (Costa, 2009: 461). O negócio jurídico unilateral só constitui obrigações para quem nele é parte.

Há, ainda, uma outra diferença relativamente aos contratos. As partes podem, dentro dos limites da lei, "inventar" os contratos que entenderem. Quanto aos negócios jurídicos unilaterais, os privados só podem usar os que estão previstos na lei. O *princípio da tipicidade dos negócios jurídicos unilaterais* resulta do art. 457º do CC.

Como exemplo de negócio jurídico unilateral de enorme relevância prática considere-se o ato de constituição de sociedades por quotas unipessoais (art. 270º-A do CSC). Este negócio unilateral é fonte da obrigação de entrada a cargo do sócio (art. 20º do CSC).

6. Gestão de negócios

Há gestão de negócios, nos termos do art. 464º do CC, "quando uma pessoa assume a direção de negócio alheio no interesse e por conta do respetivo dono, sem para tal estar autorizada". Designa-se gestor a *pessoa que interfere nos assuntos alheios*. O titular dos bens e dos interesses geridos por outras pessoas chama-se *dono do negócio*.

O *gestor de negócios* não pode ser confundido com os gestores de empresas ou com os gerentes de sociedades. Nestes dois últimos casos, as pessoas que exercem tais cargos estão devidamente autorizadas a fazê-lo. O gestor de negócios, pelo contrário, atua *sem autorização* do dono do negócio.

A regra é que cada pessoa trate dos seus assuntos e cuide dos seus interesses ou, então, escolha quem o faz. De uma outra perspetiva, a mesma regra diz que ninguém deve interferir em assunto alheio sem autorização do respetivo titular.

A gestão de negócios visa o equilíbrio entre duas exigências distintas. Por um lado, a imposição de que ninguém pode, sem autorização, intrometer-se nos negócios ou assuntos alheios. Por outro lado, razões de solidariedade humana podem justificar interferências nos negócios de outrem, destinadas a evitar males irreparáveis, quando o dono do negócio por qualquer razão está impedido de atuar.

A gestão de negócios é fonte de obrigações para o *gestor*, conforme resulta do art. 465º do CC, e para o dono do negócio, nos termos do art. 468º do CC.

7. Enriquecimento sem causa

Outra das fontes das obrigações é o chamado enriquecimento sem causa (arts. 473º, ss do CC). Este instituto funda-se na ideia de que ninguém deve enriquecer injustamente à custa de outrem.

Se, porventura, ocorrer o enriquecimento ilegítimo, a pessoa que enriqueceu injustamente está *obrigada a restituir* ao empobrecido tudo quanto haja obtido à sua custa. É esta a obrigação que resulta do enriquecimento sem causa. Para que se constitua a obrigação de restituir, é necessário que se verifiquem três requisitos: *a*) o enriquecimento; *b*) que esse enriquecimento tenha sido obtido à custa de outrem; *c*) inexistência de uma causa justificativa do enriquecimento (Costa, 2009: 491).

8. Responsabilidade civil
8.1. Noção

A *responsabilidade civil* consiste "na necessidade imposta pela lei a quem causa prejuízos a outrem de colocar o ofendido na situação em que estaria sem a lesão" (Pinto, 2005: 128).

Imagine-se que em um acidente de trânsito é atropelado um transeunte que sofre danos corporais; numa explosão verificada numa fábrica, ficam feridos vários operários; na utilização de um eletrodoméstico defeituoso, o utilizador é atingido por uma descarga elétrica.

Em situações deste tipo, o que importa determinar é se a pessoa que sofreu o dano (nos nossos exemplos, o transeunte atropelado, os operários feridos, o utilizador do eletrodoméstico) deve suportá-lo ou se pode exigir a sua reparação.

Havendo responsabilidade civil do lesante, constitui-se na esfera deste a *obrigação de indemnizar*. Cumprida a obrigação de indemnizar, o lesado torna-se *indemne*. Ou seja, fica sem dano.

As responsabilidades civil e criminal podem coexistir e até podem ser desencadeadas pelo mesmo facto. Considerem-se, por exemplo, os casos do homicídio ou das injúrias que geram responsabilidade criminal e civil. Nestes casos, ao infrator são aplicadas simultaneamente uma pena e a obrigação de indemnizar.

No entanto, a responsabilidade civil distingue-se da *responsabilidade criminal*. A primeira visa a *reparação de danos privados*; a responsabilidade criminal visa a defesa dos interesses coletivos essenciais como a vida, a honra, a integridade física, o património, etc. A responsabilidade criminal concretiza-se na aplicação de uma *pena*. A pena é um mal que o criminoso deve sofrer a fim de retribuir o mal causado à sociedade, de intimidar outras pessoas e de impedir que o próprio infrator volte a praticar crimes. A responsabilidade civil manifesta-se na *obrigação de indemnizar* que visa satisfazer interesses privados da pessoa ofendida.

Há ainda a considerar a *responsabilidade contraordenacional* que se distingue quer da responsabilidade criminal, quer da responsabilidade civil. A responsabilidade contraordenacional resulta da prática de *ilícitos de mera ordenação social* que, sendo também comportamentos proibidos, não têm o relevo axiológico-social dos crimes. São exemplos de ilícitos de mera ordenação social o estacionamento de um veículo em local proibido ou a violação das normas de concorrência. A responsabilidade contraordenacional traduz-se na aplicação administrativa de uma sanção pecuniária denominada *coima*.

8.2. Distinções

a) Uma distinção tradicional é a que separa a responsabilidade civil *contratual* da responsabilidade civil *extracontratual*. A primeira "é originada pela violação de um direito de crédito ou obrigação em sentido técnico; é a responsabilidade do devedor para com o credor pelo não cumprimento da obrigação" (Pinto, 2005: 137). A responsabilidade civil extracontratual, também designada aquiliana ou delitual, "resulta da violação de um dever geral de abstenção contraposto a um direito absoluto (direito real, direito de personalidade)" (Pinto: 2005: 137).

Frequentemente as designações "responsabilidade contratual" e "responsabilidade extracontratutal" são alvo de críticas por se mostrarem pouco rigorosas. Por exemplo, o incumprimento e, consequentemente a responsabilidade contratual, pode provir de fonte diversa do contrato. No entanto, é certo que as designações tradicionais têm sido mantidas, tendo em conta o seu "valor de uso".

b) Outra distinção separa a responsabilidade civil em *responsabilidade subjetiva* e *responsabilidade objetiva*. A primeira funda-se na *culpa* – inexistindo culpa não há responsabilidade civil; a segunda prescinde da culpa do lesante – o lesante responde ainda que o facto tenha sido praticado sem culpa.

O nosso sistema assenta na *responsabilidade subjetiva* (art. 483º, 1 do CC). A responsabilidade civil objetiva é admitida, mas só a título excecional. É o que resulta do art. 483º, 2 do CC quando determina que "só existe obrigação de indemnizar independentemente de culpa nos casos especificados na lei". A chamada *responsabilidade pelo risco* (arts. 499º e ss do CC) é um exemplo de responsabilidade civil objetiva.

c) É ainda possível distinguir entre responsabilidade civil por *factos ilícitos* e responsabilidade civil por *factos lícitos*. A primeira assenta *na prática de factos contrários à lei* e constitui a regra (art. 483º, 1 do CC). Na segunda, há responsabilidade civil pela prática de factos lícitos, ou seja, factos que são respeitadores do direito. Só em casos excecionais é consagrada esta responsabilidade por factos lícitos. A título de exemplo veja-se o caso previsto no art. 1367º do CC. O que se questiona, de imediato, é a razão de ser desta última modalidade de responsabilidade. O objetivo desta responsabilidade é "compensar o sacrifício de um interesse menos valorado" (Pinto, 2005: 136).

Em síntese: a responsabilidade civil apresenta vários fundamentos: *culpa*, *risco* e *sacrifício*.

8.3. Consagração no Código Civil

O Código Civil regula a responsabilidade extracontratual nos arts. 483º, ss e a responsabilidade contratual nos arts. 798º, ss. A obrigação de indemnização está disciplinada nos arts. 562º, ss do CC.

Nos arts. 483º, ss, é regulada a chamada "responsabilidade por factos ilícitos" e o princípio geral está consagrado no art. 483º, 1 do CC. Para que, em regra, se constitua a *responsabilidade civil por factos ilícitos* é necessário que se encontrem preenchidos os seguintes pressupostos: *a*) facto humano, *b*) ilicitude, *c*) culpa, *d*) dano, *e*) nexo de causalidade entre o facto ilícito e culposo e o dano.

Na *responsabilidade extracontratual* é ao lesado que cumpre provar a culpa do autor da lesão e os restantes pressupostos constitutivos da responsabilidade civil (art. 487º do CC). Na responsabilidade contratual, a culpa é presumida (art. 799º, 1 do CC).

A *responsabilidade objetiva*, admitida a título excecional no art. 483º, 2 do CC, pode ter a natureza de responsabilidade civil extracontratual ou contratual (Alarcão, 1983: 224). São exemplos de responsabilidade civil objetiva de natureza extracontratual as hipóteses das normas dos arts. 499º, ss do CC. É exemplo de *responsabilidade objetiva de natureza contratual* a que se encontra consagrada no art. 1167º, *d*) do CC.

O Código Civil distingue entre "responsabilidade por factos ilícitos" e "responsabilidade pelo risco". Esta distinção faz sentido porque a responsabilidade pelo risco resulta da exploração de *atividades lícitas* que, embora sendo socialmente relevantes, *são perigosas*. Portanto, o dano resulta, não necessariamente da prática de um facto ilícito em sentido técnico-jurídico, mas sim da concretização dos perigos inerentes à atividade em causa (Alarcão, 1983: 225). Considere-se, por exemplo, a responsabilidade objetiva pelos danos causados pelas instalações de energia elétrica ou gás, nos termos do art. 509º do CC.

Dispersas pelo Código Civil encontramos hipóteses de responsabilidade civil por *intervenções lícitas*. São hipóteses em que o lesante não praticou qualquer facto ilícito nem explora uma atividade perigosa, mas é obrigado a indemnizar. Considerem-se, a título de exemplo, os casos dos arts. 339º, 1322º, 1, 1349º, 1367º, 1554º, 1591º e 1594º, 1 do CC. Fora do Código Civil, sublinhe-se a indemnização devida ao proprietário que é privado da sua propriedade em razão da expropriação por utilidade pública (art. 62º, 2 da CRP). A expropriação por utilidade pública é um *ato lícito*, no entanto, por razões de justiça distributiva (Alarcão, 1983: 226), é devida uma indemnização ao proprietário expropriado.

8.4. Obrigação de indemnizar

Já vimos que a responsabilidade civil atua através da *obrigação de indemnizar*. A obrigação de indemnização está regulada nos arts. 562º, ss do CC. Este regime é comum à responsabilidade civil contratual e extracontratual.

A reconstituição da situação do lesado deve, em princípio, ter lugar mediante a designada *reconstituição natural*. É o que resulta do art. 566º, 1 do CC. Na verdade, a reconstituição natural é a que melhor serve o interesse do lesado. Por exemplo, se o lesante parte o vidro da casa do vizinho, a reconstituição natural consiste em substituir o vidro partido por um vidro novo.

A reconstituição natural pode ser impossível, insuficiente ou excessivamente onerosa. Nestes casos, a reparação do lesado faz-se mediante a *restituição por equivalente*, ou seja, pela atribuição de uma *indemnização em dinheiro*. Esta será a hipótese largamente maioritária, pois raramente o lesado ficará completamente reparado com a reconstituição natural (Pinto, 2005: 129).

A indemnização em dinheiro cobre os *danos patrimoniais*, ou seja, danos avaliáveis em dinheiro. No dano patrimonial serão incluídos os *danos emergentes* e os *lucros cessantes*. Os primeiros são os prejuízos imediatos sofridos pelo lesado e os segundos são as vantagens que, em razão da lesão, o lesado deixou de obter.

O direito civil reconhece a *compensação dos danos não patrimoniais* – danos que atingem bens que não são avaliáveis em dinheiro – que, pela sua gravidade, mereçam a tutela do direito (art. 496º, 1 do CC). Estes danos não patrimoniais resultam da lesão de bens estranhos ao património do lesado. Pense-se na integridade física, na saúde, na tranquilidade, no bem-estar físico e psíquico, na liberdade, na honra, na reputação. São exemplos de danos não patrimoniais o sofrimento causado por dores físicas, pela perda de consideração social, pelas inibições ou complexos de ordem psicológica, pela humilhação e vexame, pelos custos reputacionais.

8.5. Responsabilidade civil e seguro de responsabilidade civil

Pode acontecer que a reparação do lesado seja feita não pelo lesante, mas sim por um *segurador*. A atividade económica nas sociedades industrializadas atuais não pode ser dissociada do seguro. Em muitas áreas de atividade económica, em particular as que se mostram especialmente perigosas, a lei exige que o empresário disponha de um seguro de responsabilidade civil. Com esta imposição legal de contratação do seguro – são os chamados *seguros obrigatórios* – pretende-se, em primeira linha, proteger os potenciais lesados. Pense-se no seguro obrigatório de responsabilidade civil automóvel ou nos seguros ligados ao transporte aéreo.

Atualmente, o contrato de seguro está caraterizado no art. 1º do RJCS: "Por efeito do contrato de seguro, o segurador cobre um risco determinado do tomador do seguro ou de outrem, obrigando-se a realizar a prestação convencionada em caso de ocorrência do evento aleatório previsto no contrato, e o tomador do seguro obriga-se a pagar o prémio correspondente".

No seguro de responsabilidade civil, "o segurador cobre o risco de constituição, no património do segurado, de uma obrigação de indemnizar terceiros" (art. 137º do RJCS). O *tomador do seguro* celebra um seguro de responsabilidade civil com o segurador, pelo que paga um *prémio*. Verificado o *sinistro*, o segurador, dentro dos limites do contrato de seguro estipulado, pagará a indemnização.

Também não devemos esquecer o relevo dos *seguros não obrigatórios* para a atividade das empresas. Pouco conhecido, mas a obter alguma difusão nas empresas portuguesas de maior dimensão, é o *seguro de responsabilidade civil dos administradores*. Este seguro, conhecido internacionalmente como *D&O Insurance*, é normalmente contratado pela sociedade. Ele cobre, por um lado, o risco de no património do administrador se constituir a obrigação de indemnizar terceiros e, por outro, as despesas causadas pelo litígio (Ramos, 2010: 306).

> **O QUE NÃO DEVE ESQUECER**
> ▶ O que é uma obrigação?
> ▶ Quais são as fontes das obrigações?
> ▶ Em que consiste a liberdade contratual e o seu relevo para o exercício da atividade económica.
> ▶ Em que medida as cláusulas contratuais gerais limitam a liberdade contratual?
> ▶ Em que consiste a boa-fé?
> ▶ Distinção entre contrato e negócio jurídico unilateral.
> ▶ O que é a responsabilidade civil e como se distingue da responsabilidade criminal?
> ▶ Qual é o princípio geral em matéria de responsabilidade civil?
> ▶ Como se distingue a responsabilidade contratual da responsabilidade extracontratual?
> ▶ Como se carateriza o seguro de responsabilidade civil?

Bibliografia:

ALARCÃO, Rui de, *Direito das obrigações* (texto elaborado pelos Drs. J. Sousa Ribeiro, J. Sinde Monteiro, Almeno de Sá e J. C. Proença, com base nas lições do Prof. Dr. Rui de Alarcão ao 3º Ano Jurídico), Coimbra, 1983.

COSTA, Mário Júlio de Almeida, *Direito das obrigações*, 12ª ed., Coimbra: Almedina, 2009.

LEITÃO, Luís Manuel Teles de Menezes, *Direito das obrigações. Vol. I. Introdução. Da constituição das obrigações*, 8ª ed., Coimbra: Almedina, 2009.

PINTO, Carlos Mota Pinto, *Teoria geral do direito civil*, 4ª ed., por António Pinto Monteiro e Paulo Mota Pinto, Coimbra: Coimbra Editora, 2005.

Ramos, Maria Elisabete, *O seguro de responsabilidade civil dos administradores – Entre a exposição ao risco e a delimitação da cobertura*, Coimbra: Almedina, 2010.

Santos, António Carlos/Gonçalves, Maria Eduarda/ Marques, Maria Manuel Leitão, *Direito económico*, 6ª ed., Coimbra: Almedina, 2011.

Capítulo 6
O direito das empresas

Maria Elisabete Ramos

1. Distinção entre empresas societárias e empresas não societárias
A iniciativa económica concretiza-se na *criação de empresas*. Não há uma definição de empresa que seja consensualmente aceite.

A lei, para determinados efeitos, apresenta definições de empresa. No CIRE, a empresa é definida como "toda a organização de capital e trabalho destinada ao exercício de qualquer atividade económica" (art. 5º do CIRE). O regime jurídico da concorrência, aprovado pela Lei nº 19/2012, de 8 de maio, carateriza a empresa como "qualquer entidade que exerça uma atividade económica que consista na oferta de bens ou serviços num determinado mercado, independentemente do seu estatuto jurídico e do seu modo de financiamento".

Para além do mérito de cada uma destas definições legais, é importante salientar que elas são elaboradas para serem aplicadas no âmbito de regimes jurídicos específicos. Portanto, estas definições legais não têm a ambição de definir a empresa.

A empresa pode ser tomada em *sentido subjetivo* e em *sentido objetivo*. No primeiro sentido, a empresa é considerada como um sujeito jurídico que exerce atividade económica (Abreu, 2011: 218). Em *sentido objetivo*, a empresa (comercial) pode ser definida como "uma unidade jurídica fundada em organização de meios que constitui um instrumento de exercício relativamente estável e autónomo de uma atividade comercial" (Abreu, 2011: 252).

Na linguagem comum é muito habitual falar em "criação de empresas" para referir a constituição de sociedades. Do ponto de vista jurídico, essa sinonímia não é correta (Abreu, 2011: 22). A sociedade comercial é um *sujeito* e a empresa (em sentido objetivo) é um objeto de negócios, um bem que pertence a sujeito(s). Quando se fala em "empresa societária", quer-se referir que essa *empresa pertence a uma sociedade*.

Outros sujeitos, além das sociedades, são criadores e titulares de empresas. São os casos, por exemplo, de pessoas singulares, do Estado, dos municípios, das regiões autónomas, de cooperativas, de associações e de fundações. As chamadas *empresas não societárias* são aquelas que são detidas por sujeitos que não são sociedades (por exemplo, empresa em nome individual, empresa cooperativa, entidades públicas empresariais)[1].

Do elenco das empresas não societárias, vamos considerar a empresa em nome individual, o estabelecimento individual de responsabilidade limitada e a empresa cooperativa. As duas primeiras são expressão da iniciativa privada (art. 61º, 1 da CRP); a terceira diz respeito à iniciativa cooperativa (art. 61º, 2, 3 e 4 da CRP).

2. Empresa em nome individual

Em regra, os investidores podem escolher a forma jurídica da empresa que se propõem criar. A escolha de uma das alternativas admitidas tem implicações jurídicas muito importantes. Por isso, a escolha deve ser informada, de modo a que o futuro empresário conheça as consequências jurídicas da sua decisão.

A expressão "empresa em nome individual" significa que a *empresa pertence diretamente a uma pessoa singular*. O investidor reúne os meios necessários ao seu negócio, organiza-os e toda essa organização integra o seu património pessoal.

Embora esta seja a forma menos burocratizada de criar uma empresa, há que cumprir algumas formalidades legais. O início de atividade do comerciante individual está sujeito a *registo na conservatória do registo comercial* (art. 2º do CRCom.), que se efetua com base na declaração do interessado (art. 34º do CRCom.). O empresário em nome individual que seja comerciante (art. 13º, 1 do CCom.) está obrigado a adotar uma firma (art. 18º do CCom.). A firma do comerciante individual tem de ser composta

---

[1] Sobre as entidades públicas empresariais, cf. Capítulo 7.

pelo seu nome civil "completo ou abreviado, conforme seja necessário para identificação da pessoa" (art. 38º do RRNPC). Também os empresários não comerciantes podem (se assim o entenderem) adotar uma firma que os distinga na atividade económica (art. 39º do RRNPC). A firma do comerciante individual deve ser inscrita no Ficheiro Central de Pessoas Coletivas (art. 10º do RRNPC), no prazo de um mês a contar do início da atividade (art. 11º do RRNPC).

É preciso não esquecer a declaração de início de atividade no serviço de finanças e a inscrição na segurança social. Outras formalidades podem ser necessárias como, por exemplo, licenciamentos para o exercício da atividade exercida[2].

A empresa em nome individual tem vantagens e desvantagens. Entre as vantagens contam-se: *a)* não ser exigido um montante legal mínimo de "capital" para criação da empresa; *b)* não ser necessário reunir outras pessoas. São muitos os inconvenientes: *a)* a responsabilidade ilimitada do empresário pelas dívidas da empresa (o património pessoal e familiar pode ser esgotado na satisfação das dívidas da empresa); *b)* a empresa responde pelas dívidas do empresário (seja qual for a sua fonte); *c)* pode implicar dificuldades na obtenção de crédito.

3. O estabelecimento individual de responsabilidade limitada (e.i.r.l.)

O estabelecimento individual de responsabilidade limitada (e.i.r.l.) distingue-se da empresa em nome individual.

O e.i.r.l., criado pelo DL nº 248/81, de 28 de julho, visou limitar a responsabilidade do comerciante em nome individual. Esta é a grande vantagem relativamente à empresa em nome individual. Lembre-se que só mais tarde surgiu legislação a permitir a constituição de sociedades por quotas com um único sócio (as chamadas sociedades por quotas unipessoais).

"O interessado afetará ao estabelecimento individual de responsabilidade limitada uma parte do seu património, cujo valor representará o capital inicial do estabelecimento" (art. 1º, 2, do DL nº 248/86).

O e.i.r.l. *não é uma sociedade*; é um "estabelecimento comercial especial" (Abreu, 2011: 252). Não dispõe de personalidade jurídica nem de sócios.

A constituição do e.i.r.l. está sujeita a algumas formalidades. Junto do Registo Nacional de Pessoas Coletivas deve ser pedido o *certificado de*

---

[2] Cfr. Capítulo 7 e http://www.portaldaempresa.pt/cve/pt/licenciamentozero/.

admissibilidade da firma do e.i.r.l. (art. 45º do RRNPC). A firma do e.i.r.l. é composta pelo nome do titular, acrescido ou não de referência ao objeto do comércio nele exercido, e pelo aditamento "Estabelecimento Individual de Responsabilidade Limitada" ou "E.I.R.L. (art. 40º do RRNPC).

O ato de criação do e.i.r.l. (este negócio é, juridicamente, um negócio jurídico unilateral) deve ser reduzido a escrito (salvo se forma mais solene for exigida para a transmissão dos bens que representam o capital inicial do estabelecimento) (art. 1º do DL nº 248/86). O e.i.r.l. tem um capital mínimo que, neste momento, é de 5000 euros (art. 3º do DL nº 248/86).

O ato de constituição do e.i.r.l. está sujeito a registo que é efetuado na conservatória do registo comercial (art. 8º, a), do CRCom.). A conservatória procede oficiosamente à publicação do ato constitutivo (art. 5º, 2 do DL nº 248/86, de 25 de agosto).

Por comparação com a empresa em nome individual, o e.i.r.l. proporciona ao seu titular a *limitação da responsabilidade*. Juridicamente, o e.i.r.l. é um *património autónomo* (Abreu, 2011: 253). Em regra, os bens afetados ao e.i.r.l. respondem apenas pelas dívidas constituídas na exploração do estabelecimento (art. 10º do DL nº 248/86); além disso, por estas dívidas respondem apenas aqueles bens. Pese embora esta vantagem da limitação da responsabilidade, o e.i.r.l. não teve sucesso no mundo empresarial. Nem é de esperar que venha a ter. Atualmente, é lícito constituir uma sociedade unipessoal por quotas com um capital social de *um euro* (arts. 201º, 219º, 3 do CSC), enquanto são necessários cinco mil euros para criar um e.i.r.l.

4. Constituição de cooperativa

As cooperativas são, nos termos do art. 1º do CCoop., "pessoas coletivas autónomas, de livre constituição, de capital e composição variáveis que, através da cooperação e entreajuda dos seus membros, com obediência aos princípios cooperativos, visam, sem fins lucrativos, a satisfação das necessidades e aspirações económicas, sociais e culturais daqueles".

Certamente que subsiste a possibilidade de haver cooperativas desprovidas de empresa. No entanto, poder-se-á dizer que a maior parte das cooperativas são detentoras de empresas. De acordo com o art. 7º do CCoop., as cooperativas são livres de exercer qualquer atividade económica.

Nos termos do art. 61º, 2 da CRP, "a todos é reconhecido o direito à livre constituição de cooperativas, desde que observados os princípios cooperativos". As cooperativas beneficiam de "favor constitucional"

(Canotilho e Moreira, 2007: 1009) que se traduz, por exemplo, na imposição constitucional de ser elaborada legislação sobre os "benefícios fiscais e financeiros das cooperativas, bem como condições mais favoráveis à obtenção de crédito e auxílio técnico" (art. 85º, 2 da CRP).

O processo de constituição das cooperativas estrutura-se em três momentos principais: *a*) deliberação de constituição da cooperativa aprovada pela assembleia de fundadores e elaboração dos estatutos; *b*) registo do ato constitutivo da cooperativa; *c*) publicação do ato de constituição da cooperativa.

"Os interessados na constituição de uma cooperativa reunir-se-ão em assembleia de fundadores, para cuja mesa elegerão, pelo menos, o presidente" (art. 11º, 1 do CCoop.). Nessa assembleia, será deliberada a criação da cooperativa e serão votados os estatutos (art. 11º, 3 do CCoop.). "Os estatutos aprovados constarão de documento anexo à ata e serão assinados pelos fundadores" (art. 12º, 3 do CCoop.).

Entre outros elementos, a ata da deliberação tomada em assembleia de fundadores deve conter a "denominação da cooperativa" (art. 12º, 1, *c*), do CCoop.). Os interessados na constituição da cooperativa devem, previamente à assembleia de fundadores, obter, junto do Registo Nacional de Pessoas Coletivas, o certificado de admissibilidade da denominação (45º do RRNPC). A denominação da cooperativa deve cumprir os requisitos do art. 14º do CCoop.

Casos há em que a constituição da cooperativa necessita da intervenção de notário que lavará uma *escritura pública*. Nos termos do art. 10º do CCoop., será necessária escritura pública para constituição de cooperativas de primeiro grau quando aquela for a forma "exigida para a transmissão dos bens que representem o capital social inicial da cooperativa". Ao notário será necessário apresentar o certificado de admissibilidade da firma da cooperativa, a ata da assembleia de fundadores e os estatutos.

O ato de constituição de cooperativa está sujeito a registo obrigatório na conservatória do registo comercial (arts. 4º, *a*) e 15º, 1 do CRCom.). Com o registo definitivo do ato constituinte, a cooperativa adquire *personalidade jurídica* (art. 16º do CCoop.).

Efetuado o registo, a conservatória promove oficiosamente a publicação do ato constituinte da cooperativa (art. 71º, 1 do CRCom.). Atualmente esta publicação é feita no portal http://publicacoes.mj.pt/.

Para além destes procedimentos, são necessárias: *a*) a declaração de início de atividade para efeitos fiscais; *b*) a inscrição na segurança social;

c) a comunicação do ato constituinte à Cooperativa António Sérgio para a Economia Social (CASES) para que esta emita a *credencial comprovativa da legal constituição* da cooperativa (art. 88º do CCoop.).

O apoio técnico, financeiro e fiscal está dependente da credencial comprovativa da constituição da cooperativa (art. 88º, 2 do CCoop.).

5. A constituição de sociedades
5.1. Noção de sociedade

As sociedades comerciais são agentes económicos do maior relevo. Quando constituídas por sujeitos jurídicos privados, elas são uma manifestação da iniciativa económica privada (art. 61º, 1 da CRP).

Segundo o art. 980º do CC, o "contrato de sociedade é aquele em que duas ou mais pessoas se obrigam a contribuir com bens ou serviços para o exercício em comum de certa atividade económica, que não seja de mera fruição, a fim de repartirem os lucros resultantes dessa atividade". Hoje são admitidas as sociedades constituídas por um único sócio. São os casos das *sociedades unipessoais por quotas e anónimas* (arts. 270º-A, ss, 488º do CSC).

Por isso, a doutrina, a partir do art. 980º do CC, reelabora a noção de sociedade. Na proposta de Coutinho de Abreu, a sociedade é a "entidade que, composta por um ou mais sujeitos (sócio(s)), tem um património autónomo para o exercício da atividade económica, a fim de (em regra) obter lucros e atribuí-los ao(s) sócio(s) – ficando este(s), todavia, sujeito(s) a perdas" (Abreu, 2011a: 23).

O CSC *não esclarece o que é a sociedade*; tão-só identifica as duas notas que distinguem as sociedades comerciais. São sociedades comerciais "aquelas que tenham por objeto a prática de atos de comércio e adotem o tipo de sociedade em nome coletivo, de sociedade por quotas, de sociedade anónima, de sociedade em comandita simples ou de sociedade em comandita por ações" (art. 1º, 2 do CSC).

5.2. Variedade de processos de constituição de sociedades

A lei apresenta diferentes processos de constituição de sociedades comerciais: *a)* processo normal de constituição de sociedades; *b)* processos especiais; *c)* constituição com apelo a subscrição pública; *d)* constituição por intermédio de decisão judicial que homologa o plano de insolvência (arts. 199º, 217º, 3, *a*), ambos do CIRE); *e)* constituição por intermédio de ato legislativo; *f*) constituição no contexto de processos de fusão e de transformação de sociedades.

Embora comunguem da finalidade de constituição de uma sociedade, cada um destes processos requer procedimentos específicos, está vocacionado para certo tipo de projetos empresariais e envolve custos muito diferenciados. A título de exemplo, a chamada "empresa na hora" está pensada para projetos empresariais de pequena e média dimensão, enquanto a constituição com apelo a subscrição pública está vocacionada para projetos de maior dimensão que necessitam de avultados capitais. Acresce que a criação por ato legislativo é uma prerrogativa do poder legislativo e não constitui uma alternativa por que os investidores privados possam optar.

5.3. Processo normal
5.3.1. Ato constituinte inicial

Há um processo que podemos designar como *processo normal* de constituição de sociedade e que é integrado pelos seguintes passos: *a*) ato constituinte inicial; *b*) registo definitivo do ato constituinte da sociedade; *c*) publicação obrigatória.

Em regra, as sociedades comerciais constituem-se por mera vontade dos associados, sem necessidade de qualquer autorização administrativa. Contudo, o processo de constituição de sociedade comercial encontra-se, em parte, subtraído à liberdade contratual porque o legislador predeterminou as etapas que devem ser cumpridas.

O CSC estruturou o processo tradicional de constituição de sociedades em três momentos nucleares: ato constitutivo inicial reduzido a escrito (as assinaturas dos subscritores devem ser reconhecidas presencialmente); registo definitivo do ato constituinte; publicação obrigatória do ato constituinte efetuada no site http://publicacoes.mj.pt/.

Em regra, a sociedade comercial é o resultado da iniciativa privada e o *ato constituinte inicial* é o *contrato de sociedade* que reúne duas ou mais pessoas. Nos termos do art. 8º, 1 do CSC, "é permitida a constituição de sociedades entre cônjuges, bem como a participação destes em sociedades, desde que só um deles assuma responsabilidade ilimitada". Podem os cônjuges: *a*) constituir entre si uma sociedade por quotas; *b*) participar na mesma sociedade anónima; *c*) constituir entre si uma sociedade em comandita simples; *d*) participar os dois na mesma sociedade em comandita por ações, sendo ambos sócios comanditários ou sendo só um deles sócio comanditado. Os cônjuges não podem constituir entre si uma sociedade em nome coletivo, nem participar simultaneamente na mesma sociedade deste tipo.

Em regra, uma sociedade pode participar na constituição de outra sociedade. A participação de sociedades em outras sociedades pode dar origem a situações de sociedades coligadas que os arts. 481º, ss do CSC regulam parcialmente, no que toca as sociedades por quotas, anónimas e sociedades em comandita por ações.

O Estado pode participar na constituição de sociedades anónimas sem ser por intermédio de ato legislativo. Casos há em que o Estado, juntamente com pelo menos quatro sujeitos, celebra um contrato de sociedade anónima (arts. 7º, 1, 273º, 1 do CSC). Se assim acontecer, o ato constituinte da sociedade é o *contrato de sociedade*. Há situações em que o CSC permite que o Estado constitua com outra pessoa uma sociedade anónima (art. 273º, 2, do CSC). Nesta hipótese, é afastada a regra de que a "sociedade anónima não pode ser constituída por um número de sócios inferior a cinco" (art. 273º, 1 do CSC). Neste último caso, o ato constituinte da sociedade é também o *contrato de sociedade* e não o ato legislativo.

Segundo o art. 7º, 1 do CSC, o "contrato de sociedade deve ser reduzido a escrito e as assinaturas dos seus subscritores devem ser reconhecidas presencialmente, salvo se forma mais solene for exigida para a transmissão dos bens com que os sócios entram para a sociedade, devendo, neste caso, o contrato revestir essa forma (...)".

Na sequência das alterações introduzidas pelo DL nº 76-A/2006, de 29 de março, a escritura pública tornou-se, em regra, *facultativa*. Com esta medida de desformalização do contrato de sociedade, foram reduzidos os chamados "custos de contexto" da atividade empresarial, porquanto deixou de ser obrigatória a intervenção do notário no processo de constituição da sociedade. Todavia, pode acontecer que o contrato de sociedade deva seguir forma mais solene do que o documento escrito com as assinaturas reconhecidas presencialmente. Tal acontecerá quando essa forma mais solene for exigida para a transmissão de bens com que os sócios entram para a sociedade (art. 7º, 1 do CSC). Por exemplo, será o caso de o sócio entrar para a sociedade com um imóvel (art. 875º do CC).

Por outro lado, o art. 7º do CSC não impede que os interessados recorram à escritura pública. Ao tornar a escritura pública, em regra, facultativa, o legislador pretendeu substituir o anterior duplo controlo público de legalidade – resultante da intervenção do notário e do conservador – por um único realizado pelo conservador do registo comercial.

Projetada a constituição de uma sociedade, é decisivo determinar que atividade(s) ela irá exercer e escolher a *firma*. A firma da sociedade constitui o nome que a vai individualizar no mundo dos negócios (Abreu, 2011: 154).

Cumpridos os requisitos legais, expressos nos arts 177º, 200º, 275º, 467º do CSC, os interessados podem escolher a composição da firma. A firma escolhida pelos interessados tem de ser analisada por um serviço público – o Registo Nacional de Pessoas Coletivas. Este escrutínio público serve para apurar que os requisitos legais são cumpridos e para evitar a existência de firmas que sejam confundíveis ou indutoras em erro. Devem a todo o custo ser evitadas firmas que induzam em erro quanto à identificação, natureza ou atividade da sociedade (art. 32º do RRNPC).

A admissibilidade das firmas é comprovada através do *certificado de admissibilidade da firma* requerido pelos interessados (art. 45º, 1 do RRNPC). Por isso, deve ser dirigido ao Registo Nacional de Pessoas Coletivas o pedido de certificado de admissibilidade da firma (art. 46º, 1 RRNPC). O ato de constituição da sociedade deve "fazer referência à emissão do certificado de admissibilidade da firma ou denominação adotada, através da indicação do respetivo número e data de emissão" (art. 54º, 1 do RRNPC).

As entradas em espécie (entradas com bens diferentes de dinheiro e de serviços) devem ser "objeto de um relatório elaborado por um revisor oficial de contas sem interesses na sociedade, designado por deliberação dos sócios na qual estão impedidos de votar os sócios que efetuam as entradas" (art. 28º, 1 do CSC). Esta avaliação visa garantir que o valor atribuído à entrada é, pelo menos, igual ao valor da participação social (art. 25º, 1 do CSC). Esta exigência legal é justificada pela necessidade de proteção dos credores da sociedade e pelo respeito do princípio da exata formação do capital social (Tarso, 2010: 459).

O contrato de sociedade deve contemplar as menções obrigatórias comuns a todos os tipos de sociedades (art. 9º do CSC). Para além destas, o contrato de sociedade deve integrar as menções específicas do tipo societário escolhido (arts. 176º, 199º, 272º, 466º do CSC).

Determina o art. 7º, 1 do CSC que "o contrato de sociedade deve ser reduzido a escrito e as assinaturas dos seus subscritores devem ser reconhecidas presencialmente". Para este reconhecimento são competentes as câmaras de comércio e indústria (competência atribuída nos termos do DL nº 244/92, de 29 de outubro), os conservadores, oficiais de registo, advogados e solicitadores (art. 38º, 1, do DL nº 76-A/2006). Os reconhecimentos presenciais efetuados pelas entidades referidas no art. 38º, 1 do DL nº 76-A/2006 "conferem ao documento a mesma força probatória que teria se tais atos tivessem sido realizados com intervenção notarial" (art. 38º, 2, do DL n.º 76º-A/2006).

5.3.2. Registo definitivo

O art. 18º, 5 do CSC estatui que o contrato de sociedade, depois de celebrado na forma legal, deve ser inscrito no *registo comercial*. O ato constitutivo da sociedade está sujeito a *registo comercial obrigatório*, nos termos do art. 15º, 1 do CRCom. O pedido do registo definitivo do contrato de sociedade deve ser apresentado no prazo de dois meses a contar da data em que o ato constituinte tiver sido titulado (art. 15º, 2 do CRCom.). O DL nº 76-A/2006 eliminou a competência territorial das conservatórias do registo comercial, permitindo que "qualquer cidadão ou empresa possa praticar qualquer ato de registo comercial em qualquer conservatória do registo comercial do território nacional, independentemente da conservatória da sede da sociedade em causa"[3].

De acordo com o *princípio da instância* (art. 28º do CRCom.), o registo efetua-se a *pedido dos interessados*. Para o pedido de registo do ato constituinte da sociedade, o art. 29º do CRCom. reconhece legitimidade aos membros do órgão de administração e de representação e a todas as pessoas que nele tenham interesse (designadamente sócios), que o podem pedir diretamente ou através de mandatário (art. 30º do CRCom.).

O registo pode ser requerido em qualquer conservatória ou mesmo ser promovido *online* (Portaria nº 1416-A/2006, de 19 de dezembro). O pedido do registo está sujeito a um *controlo de legalidade*. Não havendo motivo legal de recusa do registo (art. 48º do CRCom.), ele deve ser efetuado no prazo de dez dias (art. 54º, 1 do CRCom.).

Titulado o contrato de sociedade, se não for solicitado o registo definitivo no prazo legalmente fixado, incorre a sociedade nas sanções previstas nos nºs 1 e 2 do art. 17º do CRCom. O conservador do registo comercial onde é apresentado o pedido de registo, o Instituto dos Registos e Notariado, I.P., e o Registo Nacional de Pessoas Coletivas são competentes para conhecer as contraordenações e para aplicar as coimas respetivas (art. 17º, 4 do CRCom.).

---

[3] Preâmbulo do DL nº 76-A/2006, de 29 de março.

Com o registo definitivo do ato constituinte, a sociedade adquire *personalidade jurídica*, como resulta expressamente do art. 5º do CSC.

É também com o registo definitivo que a sociedade assume de pleno direito os negócios referidos no art. 19º, 1 do CSC (Ramos e Costa, 2010: 327).

5.3.3. Publicação
Depois do registo definitivo do contrato de sociedade, segue-se a *publicação* do ato constituinte da sociedade (art. 166º CSC). De acordo com o art. 70º, 1, *a*) do CRCom., é *obrigatória* a publicação do ato constituinte de sociedades por quotas, anónimas e em comandita por ações. A publicação é feita a expensas da sociedade através do "sítio da Internet de acesso público com o endereço www.mj.gov.pt/publicacoes" (art. 1º, 1 da Portaria nº 590-A/2005, de 14 de julho). Esta publicação é promovida oficiosamente pela conservatória (art. 71º do CRCom.), mas paga pela sociedade.

5.4. "Empresa na hora"
O DL nº 111/2005, de 8 de julho, criou a chamada "empresa na hora". Trata-se de um regime de *constituição imediata* de sociedades comerciais e civis sob forma comercial do tipo por quotas e anónima, com ou sem a simultânea aquisição, pelas sociedades, de marca registada. Atualmente, este procedimento é compatível com a constituição de sociedades dependentes de autorização especial e com a realização de entradas em espécie (arts. 2º, 4º-A, 7º, 1 do DL nº 111/2005). Estão excluídas deste processo as sociedades em nome coletivo, em comandita (simples ou por ações) e as sociedades anónimas europeias (arts. 1º e 2º, *c*) do DL nº 111/2005).

O processo de constituição imediata é da competência das *conservatórias do registo comercial* ou de quaisquer outros serviços desconcentrados do Instituto Nacional dos Registos e Notariado, independentemente da localização da sede da sociedade a constituir (art. 4º, 1 do DL nº 111/2005).

Um dos objetivos do regime da "empresa na hora" é a *celeridade* na constituição da sociedade. Nos termos do art. 5º do DL nº 111/2005, os serviços "devem iniciar e concluir a tramitação do procedimento no mesmo dia, em atendimento presencial único". De modo a garantir esta celeridade, o art. 3º, 1, *a*) do DL nº 111/2005 exige que os sócios optem por pacto ou ato constitutivo de *modelo aprovado pelo presidente do Instituto dos Registos e Notariado, I.P*[4].

Quanto à firma, os sócios podem optar entre: *a*) requerer a aprovação da firma no posto de atendimento; *b*) constituir a firma da sociedade a partir de expressão de fantasia que foi criada e reservada a favor do Estado[5]; *c*) apresentar o certificado de admissibilidade da firma emitido pelo Registo Nacional de Pessoas Coletivas (art. 3º, 3 do DL nº 111/2005).

O processo inicia-se com o *pedido* formulado pelo(s) interessado(s) junto do serviço competente, manifestando a sua opção pela firma e pelo *modelo de ato constitutivo*. O(s) interessado(s) deve(m) apresentar, no início do procedimento, documentos comprovativos da sua identidade, capacidade e poderes de representação para o ato, bem como as autorizações especiais que sejam necessárias (arts. 6º, 2, 7º, 1, ambos do DL nº 111/2005).

Efetuada a verificação inicial da identidade, da capacidade, dos poderes de representação para o ato, bem como da regularidade dos documentos apresentados, o serviço competente realiza os atos previstos no art. 8º, 1 do DL nº 111/2005, pela ordem aí indicada.

Concluído o procedimento, o serviço competente entrega aos representantes da sociedade uma certidão (não o documento original) do pacto ou ato constitutivo, do registo definitivo e o recibo comprovativo do pagamento de encargos (art. 12º do DL nº 111/2005). A publicação legal obrigatória é realizada em www.mj.gov.pt/publicacoes, conforme resulta da Portaria nº 590-A/2005, de 14 de julho.

A "empresa na hora" tem sido muito utilizada em Portugal. Com ela, os investidores obtêm um serviço célere e de custos controlados. Acresce que o processo "empresa na hora" tem a vantagem de poder agregar a "marca na hora". Ele está especialmente vocacionado para iniciativas empresariais de pequena e média dimensão que não necessitem de pactos sociais sofisticados.

O regime da "empresa na hora" não é isento de dúvidas e de críticas (Martins, 2006: 81). Constitui, no entanto, uma iniciativa louvável que satisfaz as necessidades de determinados projetos empresariais (Ramos, 2010: 81).

---

[4] Em http://www.empresanahora.pt/ENH/sections/PT_pactos podem ser encontrados os modelos de pactos.

[5] Cfr. http://www.empresanahora.pt/ENH/sections/PT_lista-de-firmas

5.5. "Empresa online"

O DL nº 125/2006, de 29 de junho, criou o *regime especial de constituição online de sociedades por quotas e anónimas*, através do sítio na internet www.empresaonline.pt[6]. Este procedimento é da competência do Registo Nacional de Pessoas Coletivas, independentemente da localização da sede da sociedade a constituir. O procedimento não é aplicável: *a*) quando sejam convencionadas entradas em espécie cuja transmissão para a sociedade exija forma mais solene do que a forma escrita; *b*) às sociedades anónimas europeias (art. 2º do DL nº 125/2006).

Este regime de criação de sociedades pode ser usado por qualquer interessado, sejam pessoas singulares ou coletivas (art. 4º).

O procedimento inicia-se com a formulação *online* do pedido, enviando-se, por esta via, os documentos necessários (art. 6º do DL nº 125/2006). Os interessados transmitem *online* os estatutos sociais (de modelo aprovado ou não). Validado o pedido, o serviço competente aprecia o pedido de constituição de sociedade (arts. 10º, 11º do DL nº 125/2006).

O registo do ato constituinte (art. 12º, 2, *a*) do DL nº 125/2006) e a publicação (art. 12º, 3, *d*) do DL nº 125/2006) são feitos pelo serviço competente.

Uma das vantagens da empresa *online* é, simultaneamente, uma das suas fragilidades. A circunstância de o procedimento decorrer na *internet* apresenta a vantagem de ser acessível a partir de qualquer lugar e a qualquer hora. No entanto, os interessados poderão experimentar dificuldades no acesso, se não dispuserem do certificado digital qualificado. Por outro lado, a contratação de advogados e solicitadores (art. 7º do DL nº125/2006) encarece os custos de constituição da sociedade.

Acresce que este procedimento não é aplicável quando os sócios queiram entrar com bens cuja transmissão para a sociedade exija forma mais solene do que forma escrita (art. 2º, *b*) do DL nº 125/2006). Deste modo, a sociedade *online* não é aplicável aos casos em que os sócios queiram entrar com um imóvel, pois a transmissão deste para a sociedade exige, nos termos do art. 875º do CC, escritura pública ou documento particular autenticado. Ora, esta é uma desvantagem relativamente à "empresa na hora" que admite entradas em espécie, seja qual for a formalidade exigida para a sua transmissão para a sociedade (arts. 2º e 4º-A do DL nº 111/2005, de 8 de julho).

---

[6] Cfr. art. 2º da Portaria 657-C/2006, de 29 de junho.

5.6. Criação de empresas por ato legislativo
5.6.1. As entidades públicas empresariais

Até aqui, foram considerados atos constituintes de *cariz negocial*. Em regra, o negócio que está na base da constituição da sociedade é o contrato de sociedade (arts. 980º do CC, 7º do CSC). Nos casos previstos na lei, a sociedade pode ser constituída por negócio jurídico unilateral.

Importa salientar que há processos de constituição de sociedades que não podem ser usados por investidores privados porque representam manifestações do *poder legislativo*. É o caso em que a sociedade/empresa é criada por *ato do poder legislativo*, seja do Estado, seja das Regiões Autónomas.

As *entidades públicas empresariais* são pessoas coletivas de direito público, com natureza empresarial e criadas pelo Estado (art. 23º do DL nº 558/99, de 23 de agosto)[7].

As entidades públicas empresariais são necessariamente criadas por *decreto-lei* que também aprova os seus estatutos (art. 24º do DL nº 558/99).

A criação de entidade pública empresarial também implica um *processo*. A aprovação do decreto-lei criador da entidade pública empresarial exige determinados procedimentos (Abreu, 2011a: 90). Assim, compete ao Conselho de Ministros aprovar o decreto-lei (art. 200º, *d*), da CRP), que deve ser objeto de *promulgação do Presidente da República*, sob pena de inexistência jurídica (arts. 134º, *b*), 136º, 137º da CRP). A promulgação do Presidente da República necessita de referenda do Governo, também sob pena de inexistência jurídica (art. 140º da CRP). Por fim, o decreto-lei criador da entidade pública empresarial deve ser publicado no *Diário da República*, sob pena de ineficácia jurídica (art. 119º, 1, *c*), 2 da CRP).

O designado "capital estatutário" – que pode ser composto por dinheiro ou outros bens patrimoniais – é atribuído pelo Estado. Também pode ser atribuído por outras "entidades públicas" (art. 26º, 1 do DL nº 558/99).

A denominação das entidades públicas empresariais deve integrar a expressão "entidade pública empresarial" ou as iniciais "E.P.E.". As entidades públicas empresariais estão sujeitas ao registo comercial, nos termos do art. 28º do DL nº 558/99.

As entidades públicas empresariais *não são sociedades*; não apresentam um substrato pessoal. As entidades públicas empresariais não têm sócios nem têm participações sociais.

---

[7] Para a definição de entidade pública empresarial, cfr. Abreu, 2003: 558.

As entidades públicas empresariais podem também ser constituídas pela Região Autónoma dos Açores e Região Autónoma da Madeira. Neste caso, as entidades públicas empresariais são criadas por *decreto-legislativo regional* que também aprovará os respetivos estatutos (art. 33º, 1 do Decreto Legislativo Regional nº 7/2008/A, de 24 de março de 2008, e art. 33º, 1 do Decreto Legislativo Regional nº 13/2010/M, de 5 de agosto de 2010). A denominação destas entidades públicas empresariais será, quando constituídas pela Região Autónoma da Madeira, "Entidade pública empresarial da Região Autónoma da Madeira" ou "EPERAM" (art. 33º, 2 do Decreto Legislativo Regional nº 13/2010/M, de 5 de agosto de 2010). Se constituídas pela Região Autónoma dos Açores, a designação será "Entidade Pública Empresarial Regional" ou "EPER" (art. 33º, 2 do Decreto Legislativo Regional nº 7/2008/A, de 24 de março de 2008).

5.6.2. Sociedades criadas por ato legislativo

As sociedades comerciais (empresas públicas) também podem ser constituídas por lei ou por decreto-lei (Otero, 2003: 103, ss.). Algumas vezes, o Estado transforma, através de decreto-lei, empresas já existentes em sociedades anónimas. Operação que, por vezes, representa um dos passos para a privatização das participações sociais da sociedade anónima. Noutros casos, o Estado cria, por intermédio de ato legislativo, uma sociedade de novo. Por vezes o legislador usa o ato legislativo para criar uma sociedade regulada por um regime incompatível com o CSC. "O regime consagrado no CSC, aprovado por decreto-lei, só pode ser *derrogado* por atos normativos com idêntica força (lei ou decreto-lei)" (Abreu, 2011a: 89).

O QUE NÃO DEVE ESQUECER
- Noções de empresa.
- O que é uma "empresa em nome individual"?
- Noção de sociedade.
- Distinção entre cooperativa e sociedade.
- Os passos do processo normal de constituição de sociedades.
- Os efeitos do registo definitivo do contrato de sociedade.
- O que é a "empresa na hora" e a "empresa *online*"?

Bibliografia

Abreu, J. M. Coutinho de, "Sobre as novas empresas públicas (notas a propósito do DL nº 558/99 e da Lei nº 58/98)", in: *Volume comemorativo do 75º tomo do Boletim da Faculdade de Direito*, Coimbra, 2003.

Abreu, J. M. Coutinho de, *Curso de direito comercial*, vol. I. *Introdução, atos de comércio, comerciantes, empresas, sinais distintivos*, 8ª ed., Coimbra: Almedina, 2011.

Abreu, Jorge Manuel Coutinho de, *Curso de direito comercial*, vol. II. *Das sociedades*, 4ª ed., Coimbra: Almedina, 2011a.

Canotilho, J. J. Gomes/Moreira, Vital, *Constituição da República Portuguesa anotada (artigos 1º a 107º)*, vol. I, Coimbra: Coimbra Editora, 2007.

Domingues, Paulo de Tarso, "Artigo 28º", em *Código das Sociedades Comerciais em Comentário* (coord. de J. M. Coutinho de Abreu), vol. I (Arts. 1º a 84º), Coimbra: Almedina, 2010.

Martins, Alexandre de Soveral, *"Empresas na hora"*, in: *Temas societários*, Coimbra: Almedina, 2010.

Otero, Paulo, "Da criação de sociedades comerciais por decreto-lei", *Estudos em Homenagem ao Prof. Doutor Raúl Ventura*, vol. II, Faculdade de Direito de Lisboa, Lisboa, 2003.

Ramos, Maria Elisabete, *Constituição das sociedades comerciais*, in: J. M. Coutinho de Abreu (coord.), *Estudos de direito das sociedades*, 10ª ed., Coimbra: Almedina, 2010.

Ramos, Maria Elisabete/Costa, Ricardo, "Artigo 19º", em *Código das Sociedades Comerciais em Comentário* (coord. de J. M. Coutinho de Abreu), vol. I (Arts. 1º a 84º), Coimbra: Almedina, 2010.

Capítulo 7
A intervenção do Estado na economia

Maria Manuel Leitão Marques

1. As principais formas de intervenção do Estado na economia

O Estado pode intervir na economia direta ou indiretamente:

a) O Estado intervém *diretamente* quando assume o papel de empresário para produzir bens ou prestar serviços em regime de monopólio público ou em concorrência com o setor privado. Fá-lo através de diferentes formas:

  (i) *empresas totalmente públicas*, ou seja, pessoas coletivas públicas sob o formato de entidades públicas empresariais ou de entidades públicas locais;

  (ii) *sociedades comerciais controladas* pelo Estado, ou seja, pessoas coletivas de direito privado, as quais podem ter capitais exclusivamente públicos, participações públicas maioritárias, ou ser controladas pelo Estado em virtude de direitos especiais (direitos que lhe permitem o exercício de poderes que não derivam da sua participação no capital social como, por exemplo, o direito a nomear ou a destituir a maioria dos membros do conselho de administração de uma sociedade anónima);

  (iii) *sociedades comerciais* meramente *participadas,* ou seja, sociedades onde o Estado detém participações minoritárias no capital, associando-se a capitais privados sem exercer o controlo da sociedade.

O Estado pode ainda *intervir na gestão de empresas privadas*, sem deter qualquer participação no capital, assumindo *temporariamente* o controlo da sua gestão por motivos excecionais (por exemplo, para evitar a insolvência da empresa protegendo, desse modo, o emprego) e apenas enquanto tal se mostre necessário e indispensável (cfr. para o caso português o art. 86.º, 2 da CRP).

b) O Estado intervém *indiretamente* na economia quando usa os seus poderes de autoridade para regular a atividade de outros agentes económicos do setor privado, social ou mesmo público. Fá-lo através de leis, regulamentos, atos administrativos e contratos administrativos.

Nas últimas décadas, *as formas de intervenção indireta na economia têm prevalecido sobre as formas de intervenção direta*. Desde os anos oitenta do século XX que a maioria dos países com economias de mercado tem vindo a privatizar as suas empresas públicas e a alienar as suas participações sociais, mesmo quando se trata de empresas em monopólio (por exemplo, empresas de distribuição de gás) e/ou de empresas que atuam em setores estratégicos e essenciais, como a energia, as telecomunicações ou os transportes. Contudo, os instrumentos que permitem ao Estado voltar ao mercado como empresário, por exemplo através de nacionalizações, permanecem à sua disposição. A CRP continua, aliás, a prever a coexistência de três setores de propriedade dos meios de produção: público, privado e cooperativo e social (arts. 80.º, *b* e 82.º).

É certo que a intervenção indireta do Estado foi igualmente reduzida em algumas áreas da atividade económica, traduzindo-se essa liberalização na desregulação de certos aspetos do seu funcionamento, como aconteceu em Portugal, na década de oitenta do século XX, quando os preços de bens essenciais deixaram de ser administrativamente fixados. Contudo, em simultâneo, o Estado reforçou a sua intervenção indireta em outros domínios, por exemplo regulando setores de atividade económica antes explorados em regime de monopólio público e entretanto abertos à concorrência em virtude da sua privatização ou alargando o seu papel na proteção de valores não económicos, como o interesse dos consumidores, a defesa do ambiente ou a liberdade de informação.

O Estado manteve assim consistentemente ao longo do século XX e no decurso do século XXI um papel ativo na economia designadamente para:

- *suprir diferentes falhas e imperfeições de mercado*, ou seja, situações onde os mecanismos de mercado originam resultados económicos ineficientes ou indesejáveis do ponto de vista social, por causa de deficiências e assimetrias de informação entre os agentes económicos (os produtores detêm informação sobre a qualidade dos produtos que os consumidores desconhecem), de externalidades negativas (como a poluição), da existência de situações de monopólio natural (como a distribuição de água) ou de casos de risco e incerteza (situações não cobertas totalmente pelo mercado de seguros, como as catástrofes naturais)[1];
- *prevenir o risco sistémico*, ou seja, o risco que pode derivar de um acontecimento particular numa parte de um sistema para o seu conjunto, devido às interdependências existentes entre as diversas partes desse mesmo sistema. É o que pode suceder, por exemplo, no mercado financeiro, onde o risco de insolvência de um banco pode provocar uma reação em cadeia, conduzindo à insolvência de outras entidades financeiras;
- *proteger outros valores não económicos* como a equidade social, o acesso a serviços essenciais (como a água ou a energia) ou a proteção de bens comuns (como a saúde pública ou o ambiente).

A crise financeira, que despontou no mundo em 2008, acentuou a importância desse papel do Estado e de outras instituições públicas de âmbito internacional, não só nas funções de regulação, mas também através de uma intervenção direta, como aconteceu, por exemplo, para evitar a insolvência de algumas instituições financeiras que foram nacionalizadas ou intervencionadas.

Mostraremos neste capítulo, em primeiro lugar, os diferentes formatos do Estado como empresário e, em segundo lugar, a sua intervenção enquanto regulador, destacando o tipo de autoridades reguladoras e os principais objetivos e domínios da regulação pública da economia[2].

---

[1] Para mais desenvolvimentos, cfr. Confraria, 2011: 59, ss.
[2] Para maiores desenvolvimentos sobre todo este capítulo, cfr. Santos, Gonçalves e Marques, 2011.

2. O Estado empresário
2.1. Nacionalizações e privatizações

A importância do *Estado como empresário*, ou seja, como produtor e/ou fornecedor de bens e serviços, tem variado muito ao longo do tempo em Portugal e em diferentes países. Para além de circunstâncias específicas de cada país, essa variação reflete, em geral, a evolução de conceções políticas e económicas sobre o papel do setor público empresarial.

A intervenção direta do Estado na economia ora se limita à exploração das infraestruturas de interesse geral, como os serviços de correios e comunicações, os transportes ferroviários ou as redes de energia, ora se estende a outros setores produtivos e de serviços, nomeadamente serviços financeiros, como aconteceu em Portugal sobretudo entre 1975 e 1989, período durante o qual, em virtude das nacionalizações ocorridas em 1975, a maioria das instituições financeiras em Portugal pertenceu ao setor público.

A passagem de uma fase mais liberal para uma fase mais interventiva faz-se através da criação de empresas públicas *ab initio*, da aquisição de participações em empresas já existentes ou, mais frequentemente, através da sua nacionalização. Pelo contrário, a passagem de uma fase mais interventiva para uma fase mais liberal faz-se através da privatização de empresas públicas, da alienação de participações sociais ou ainda da concessão da exploração de meios de produção públicos a entidades privadas. Vejamos em que consiste cada uma destas figuras.

2.2. O conceito de nacionalização

A *nacionalização* consiste na transferência forçada, por ato de uma autoridade pública, de uma unidade económica da propriedade privada para a propriedade pública (do Estado ou de outras pessoas coletivas públicas, como um município). A nacionalização tem sempre por objeto *unidades económicas* (empresas agrícolas, comerciais, industriais, etc.). Distingue-se da *expropriação* propriamente dita sobretudo pelo seu objeto. A expropriação consiste na desapropriação de qualquer bem imóvel privado (terreno, edifício) em benefício de uma entidade pública ou a tal equiparada (empresa privada concessionária de um serviço público) por uma variedade de motivos de utilidade pública (construção de estradas, urbanização, etc.).

As duas figuras possuem regimes jurídicos não coincidentes. Enquanto a expropriação consiste numa restrição ao direito de propriedade privada (art. 62.º da CRP), a nacionalização afeta simultaneamente o direito de propriedade privada e o direito de iniciativa privada (art. 61º da CRP).

No direito português, a nacionalização está sujeita a alguns limites constitucionais: não pode ser arbitrária, devendo ser justificada à luz do «interesse coletivo» (art. 80º, al. *d*) da CRP); e não pode pôr em causa a existência dos setores privado e social da economia, à luz do princípio constitucional da coexistência de setores de propriedade dos meios de produção e dos direitos de iniciativa privada e propriedade privada (arts. 80º *c*), 82º *b*), 61º e 62º da CRP).

Constitucionalmente, a nacionalização de meios de produção confere direito a indemnização, cabendo à lei estabelecer os respetivos critérios (arts. 83º e 165º, 1, *l*) da CRP; arts. 4º e 5º do anexo à Lei nº 62º-A/2008, de 11 de novembro – Lei das Nacionalizações).

A nacionalização, no caso de sociedades comerciais, pode abranger todo o capital social da empresa ou apenas uma parte dele (art. 1º do anexo à Lei nº 62º-A/2008). Normalmente, porém, o objetivo da nacionalização é a transferência da totalidade ou da maioria do capital social para o setor público.

2.3. O conceito de privatização

Em sentido amplo, a *privatização* é uma técnica pela qual o Estado reduz ou modifica a sua intervenção direta na economia em favor do setor privado.

Em sentido estrito, uma privatização implica a *transferência total ou parcial da propriedade de empresas e/ou bens públicos para entidades privadas*[3]. O mesmo termo é usualmente empregue para designar a *concessão a entidades privadas, mediante contrato,* da gestão de empresas públicas ou de serviços públicos

---

[3] Num outro sentido, menos preciso, o termo privatização é utilizado para designar a *contratação de serviços por entidades públicas a entidades privadas (contracting out, outsourcing* ou subcontratação de serviços públicos a privados). Os serviços contratados podem ser serviços intensivos em mão de obra, como a limpeza, os refeitórios, etc., mas de natureza intermitente. Mas pode também tratar-se de serviços tecnologicamente mais sofisticados, tendo em vista o descongestionamento e a redução das atividades dos serviços públicos, aliviando-os da execução de certas tarefas suscetíveis de serem subcontratadas a entidades privadas e exploradas por estas numa lógica lucrativa.

(por exemplo, a distribuição de gás canalizado, a exploração de petróleo ou de um canal de TV, ou a gestão dos estabelecimentos de saúde)[4].

Uma privatização tanto pode operar-se integralmente, de uma só vez, como pode ter lugar por partes, em fases e momentos distintos e com diferentes regras de alienação.

De acordo com a lei portuguesa (Lei nº 11/90, de 5 de abril, alterada e republicada pela Lei nº 50/2011, de 13 de setembro), a privatização da titularidade deve ser efetuada por *alienação das ações representativas do capital social* ou por *aumento do capital* da empresa a privatizar, a realizar em regra e preferencialmente por *concurso público* ou *oferta pública* (art. 6.º, 1 e 2).

Prevê-se, todavia, nos casos em que «o interesse nacional ou a estratégia definida para o setor» o exija ou «a situação económico-financeira da empresa» o recomende, que o processo a utilizar seja o *concurso limitado* (aberto a candidatos especialmente qualificados) ou a *venda direta* («adjudicação sem concurso») (art. 6.º, 3). Assim, por exemplo, na 8ª fase do processo de privatização da EDP, o Estado optou pela venda direta a investidores de referência, capazes de assegurar um «investimento estável e de longo prazo, com vista ao desenvolvimento estratégico da empresa» (art. 3º, 1 do DL nº 106-A/2011, de 26 de outubro).

Quando se trata de privatizar apenas o *direito de exploração*, a alienação efetua-se em regra por concurso público e excecionalmente por concurso limitado ou por ajuste direto, aplicando-se no mais as regras da privatização da titularidade, com as necessárias adaptações (art. 26º da Lei nº 11/90).

2.4. O setor empresarial do Estado
2.4.1. Composição do setor empresarial do Estado

O *setor empresarial do Estado* (SEE) compreende as *empresas públicas* (em sentido amplo) e as *empresas participadas* pelo Estado ou por outras entidades públicas estaduais (cfr. Figura 1). O respetivo regime jurídico consta do DL nº 558/99, de 17 de dezembro[5].

a) Consideram-se empresas públicas em sentido amplo (i) *as entidades públicas empresariais* e (ii) as *sociedades constituídas nos termos da lei comercial*, nas quais o Estado ou outras entidades públicas estaduais possam exercer, isolada ou conjuntamente, de forma direta ou

---

[4] Em Portugal foram adotados projetos deste tipo por exemplo para a gestão de hospitais.
[5] Alterado pelo DL nº 300/2007, de 23 de agosto, pela Lei nº 64-A/2008, de 31 de dezembro e pela Lei nº 55-A/2010, de 31 de dezembro.

indireta, uma influência dominante pelo facto de deterem a maioria do capital ou dos direitos de voto ou de terem o direito de designar ou de destituir a maioria dos membros dos órgãos de administração ou de fiscalização (art. 3º, nº 1). A noção de empresa pública (em sentido amplo) utilizada na lei portuguesa foi influenciada pela noção adotada pela UE, que considera como tal qualquer empresa na qual os poderes públicos possam exercer uma influência dominante com base na propriedade, na participação financeira ou nas regras que regem a empresa.

i) As *entidades públicas empresariais* (EPE) ou empresas públicas em sentido estrito são pessoas coletivas de direito público com natureza empresarial. A sua criação e extinção é efetuada obrigatoriamente por decreto-lei, estando excluídas da aplicação tanto do regime geral de dissolução e liquidação de sociedades, como do regime de recuperação das empresas e da insolvência (arts. 24.º e 34.º).

Para lá da obediência às orientações estratégicas do Governo, as EPE estão sujeitas à tutela do Ministro das Finanças e do ministro responsável pelo setor em causa. A tutela abrange o poder de aprovar planos de atividades e de investimento, orçamentos e contas, assim como de dotações para capital, subsídios e indemnizações compensatórias em caso de existirem obrigações de serviço público (art. 29.º).

São exemplos de EPE a CP-Comboios de Portugal, a NAV Portugal e a REFER – Rede Ferroviária Nacional. Existem ainda EPE nos setores da saúde (hospitais e centros hospitalares) e da cultura (os Teatros Nacionais como o S. Carlos).

ii) As *sociedades controladas pelo Estado* são sociedades constituídas nos termos da lei comercial, e por ela regidas, nas quais o Estado ou outras entidades públicas exerçam, isolada ou conjuntamente, de forma direta ou indireta, uma *influência dominante* em virtude da detenção da maioria do capital ou dos direitos de voto, ou do direito de designar ou de destituir a maioria dos membros dos órgãos de administração e fiscalização (art. 3º, 1).

A função acionista do Estado é exercida pela Direção Geral do Tesouro e Finanças sob direção do Ministro das Finanças. O seu regime específico comporta *derrogações ao regime geral das sociedades comerciais* (art. 7º do DL nº 558/99). Assim, por exemplo, embora o Código das Sociedades Comerciais exija um número mínimo de cinco sócios para a constituição de uma sociedade anónima, nos casos em que o Estado detenha a maioria do capital aquele número é reduzido para dois (art. 273º, 2 do CSC). Outra particularidade do regime destas sociedades relaciona-se com o facto de os administradores por parte do Estado poderem ser nomeados em vez de eleitos (art. 9º do DL nº 71/2007, de 27 de março, alterado pelo DL nº 8/2012, de 18 janeiro).

A Caixa Geral de Depósitos, SA e os CTT – Correios de Portugal, SA são dois exemplos de sociedades de capitais totalmente públicos. Já o Fundo de Capital de Risco InovCapital, SA, é uma empresa de capitais maioritariamente públicos (participada pelo Estado em 64,88%, sendo o restante capital detido por um conjunto de instituições financeiras privadas).

b) *Empresas participadas* são as sociedades comerciais onde o Estado ou quaisquer outras entidades públicas detenham, de forma direta ou indireta, uma participação permanente (sem fins exclusivamente financeiros) que não lhes permite exercer uma influência dominante (art. 2º, 2). A REN – Redes Energéticas Nacionais, SA, constitui uma empresa participada, na qual o Estado detém 11% do capital social, por via da Parpública, SGPS, SA (9,9%) e da Caixa Geral de Depósitos, SA (1,1%).

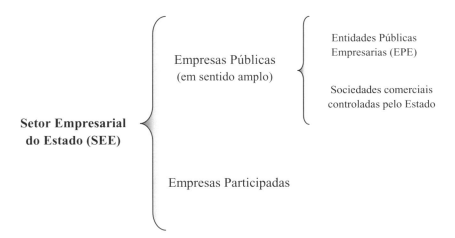

Figura 1 – Setor Empresarial do Estado

2.4.2. Situações especiais

a) O princípio da aplicação do direito privado a toda a atividade empresarial pública é compatível com regras especiais para as *empresas públicas que exploram serviços de interesse económico geral* (por exemplo, a distribuição de água ao domicílio, a distribuição de correio, o serviço público de televisão), as quais têm em conta a especial importância da sua atividade para os consumidores e para a coesão social e territorial. As empresas que exploram serviços de interesse económico geral são configuradas como uma categoria especial no âmbito das empresas públicas (Capítulo II do DL nº 558/99). A essas empresas incumbe o cumprimento das *obrigações de serviço público*, no respeito dos princípios da continuidade, da qualidade, da participação e da transparência[6]. Atendendo à relevância das suas missões, prevê-se a celebração de contratos entre o Estado e essas empresas (em regra, contratos de concessão), como forma de garantir uma maior precisão das obrigações de serviço público a cumprir pelas empresas e uma maior transparência das compensações a atribuir pelo Estado (arts. 20.º e 21.º).

Por exemplo, os CTT, SA têm como obrigações de serviço público, entre outras, as de garantir a prestação dos serviços concessionados em todo o território nacional e assegurar a recolha e distribuição postal em todos os dias úteis. No caso da RTP, SA são obrigações de serviço público, entre outras, as de assegurar a possibilidade de expressão e confronto das diversas correntes de opinião, designadamente de natureza política, religiosa e cultural, e de assegurar a promoção da cultura portuguesa e dos valores que exprimem a identidade nacional, de acordo com uma visão universalista, aberta aos diferentes contextos civilizacionais (cfr. o contrato de concessão do serviço público de televisão).

b) As *empresas públicas que exercem poderes e prerrogativas de autoridade* também têm um regime específico, designadamente quanto à expropriação por utilidade pública, utilização, proteção e gestão das infraestruturas afetas a serviços públicos ou licenciamento e concessão do domínio público (art. 14.º). É o caso das Estradas de Portugal, SA. No art. 10.º, 2 dos seus Estatutos (aprovados pelo DL

---

[6] Cfr. Marques e Moreira, 1999.

nº 374/2007, de 7 de novembro) prevê-se que o respetivo Presidente do Conselho de Administração possa requerer, nos termos do Código das Expropriações, às autoridades competentes, providências de expropriação por utilidade pública, de ocupação de terrenos, de implantação de traçados e de estabelecimento de delimitações ao uso de prédios ou de zonas de proteção e de exercício de servidões administrativas.

2.5. O setor empresarial local

O setor empresarial local é constituído pelas empresas municipais, intermunicipais e metropolitanas (art. 19º da Lei nº 50/2012, de 31 de agosto).

Essas empresas podem revestir a forma de *entidades empresariais locais*, ou seja, de pessoas coletivas de direito público com um regime semelhante ao das entidades públicas empresariais (EPE); ou a forma de *sociedades comerciais*, nas quais os municípios exercem, de forma direta ou indireta, uma influência dominante em virtude da detenção da maioria do capital ou dos direitos de voto, ou do direito de designar ou de destituir a maioria dos membros dos órgãos de administração ou de fiscalização (arts. 3º, 1 e 33º).

Por exemplo, constitui uma entidade empresarial local a EMEL – Empresa Pública Municipal de Estacionamento de Lisboa, E.E.M.. São exemplos de sociedades comerciais controladas por municípios a empresa municipal Águas de S. João, SA, empresa de exploração e gestão de sistemas de água e saneamento no concelho de S. João da Madeira, ou a Cascais Próxima, SA, empresa de construção, manutenção e prestação de serviços em infraestruturas do concelho de Cascais.

As empresas municipais, intermunicipais e metropolitanas têm como objeto a exploração de atividades de interesse geral, a promoção do desenvolvimento local e regional e a gestão de concessões. Está vedada a criação de empresas de âmbito local para o desenvolvimento de atividades de natureza exclusivamente administrativa ou de objetivos predominantemente mercantis (art. 5º, 1).

O regime jurídico das empresas de âmbito local resulta da referida Lei nº 50/2012 e dos estatutos de cada empresa, aplicando-se subsidiariamente as normas do DL nº 558/99, relativas ao SEE, bem como as normas de direito comercial (art. 21º da Lei nº 50/2012).

2.6. As parcerias público-privadas
2.6.1. Noção
Em sentido amplo, as parcerias público-privadas (PPP) são contratos celebrados entre o Estado e empresas privadas por meio dos quais estas colaboram no exercício de tarefas públicas ou na montagem e gestão de serviços públicos. *Em sentido estrito*, as PPP designam os mecanismos em que o Estado confia a uma empresa privada a construção e gestão de um equipamento ou estabelecimento público, assumindo essa empresa o seu financiamento, com obrigação de o Estado compensar o investimento privado mediante uma "renda" anual, durante um determinado número de anos[7].

As PPP têm sido usadas em diferentes níveis da administração, desde o poder local à administração central, e para diferentes atividades, como a construção e exploração de infraestruturas viárias, hospitais, complexos desportivos e equipamentos culturais. Foi o caso da construção e exploração da ponte Vasco da Gama, sobre o rio Tejo, ou da construção e exploração do Hospital de Braga.

2.6.2. Antecedentes e objetivos
Muito daquilo que hoje chamamos PPP, em sentido amplo, constituiu, no século XIX, a forma dominante de prestação de serviços públicos, tendo esta forma continuado a ser utilizada ao longo do século XX através dos contratos de concessão de obras e de serviços públicos.

A utilização mais recente das PPP tem sido associada, em primeiro lugar, à necessidade de *reduzir a despesa pública*, procurando formas alternativas ao financiamento público direto e imediato de obras públicas; e, em segundo lugar, à tentativa de, através dessa associação ao setor privado, importar para o setor público *competências especializadas de gestão privada*, quer para a execução de obras, quer para a exploração de estabelecimentos públicos, ou seja, de institutos públicos que prestam serviços aos utentes, desde a saúde à educação, "empresarializando-os" para esse efeito.

Do ponto de vista do seu modelo de financiamento, como sustenta Eduardo Paz Ferreira (2003: 63, ss), um projeto de PPP «deve gerar recursos que garantam o pagamento e a remuneração do capital investido», tendo, pois, se assim acontecer, a vantagem de se autofinanciar e de responder às

---

[7] Para maior desenvolvimento, cfr. Santos, Gonçalves e Marques, 2011.

dificuldades orçamentais do Estado, pressionado por políticas macroeconómicas restritivas da despesa pública (controlo do défice orçamental).

2.6.3. Regime jurídico

O DL nº 86/2003, de 26 de abril, introduziu entre nós um conceito legal de PPP para efeitos de *controlo financeiro* e sujeição às regras nele estabelecidas. De acordo com o referido diploma, alterado e republicado pelo DL nº 141/2006, de 27 de julho, uma PPP é *um contrato entre um parceiro público, que pode ser o Estado, entidades públicas estaduais, fundos e serviços autónomos ou entidades públicas empresariais, e outro parceiro, privado ou social (ou mesmo outra entidade de natureza privada, como uma empresa criada ou participada por uma entidade pública)*.

Esse *contrato* deve ter como objetivo assegurar de forma *duradoura* uma *necessidade coletiva*, com financiamento e responsabilidade pela exploração no todo ou em parte *a cargo do parceiro privado ou social*.

O DL nº 86/2003 refere *várias formas contratuais* em que pode concretizar-se a PPP: o contrato de concessão de obras públicas, o contrato de concessão de serviço público, o contrato de fornecimento contínuo, o contrato de prestação de serviços, o contrato de gestão e o contrato de colaboração, com utilização de um estabelecimento ou infraestrutura não pública.

Pressupõe-se, no seguimento destes objetivos, a *avaliação prévia rigorosa* das vantagens da PPP, o confronto com outras alternativas, a estimativa rigorosa dos custos envolvidos ao longo da duração da PPP, uma repartição clara das responsabilidades e dos riscos, uma transferência efetiva de riscos para o setor privado ou social, e *uma limitação clara do risco público*.

Podem existir ainda regimes especiais, de acordo com o setor de atividade. É o caso das parcerias em *saúde*, reguladas pelo DL nº 185/2002, de 20 de agosto, e pelo Decreto Regulamentar nº 14/2003, de 30 de julho, coordenadas por uma estrutura de missão que viu o seu mandato prorrogado em 2004 (Resolução do Conselho de Ministros nº 102/2004).

3. O Estado regulador
3.1. Noção de regulação pública da economia

A *regulação pública da economia* consiste no conjunto de medidas legislativas, administrativas e convencionadas por meio das quais o Estado (ou, de forma mais ampla, os poderes públicos), por si ou por delegação, determina, controla ou influencia o comportamento dos agentes económicos, tendo em vista orientá-los em direções socialmente desejáveis e evitar efeitos que sejam lesivos de interesses socialmente legítimos[8].

Na sua essência, o conceito de regulação pública económica implica a alteração dos comportamentos dos agentes económicos (produtores, distribuidores e mesmo consumidores) em relação ao que seriam se esses comportamentos obedecessem apenas às leis de mercado ou a formas de autorregulação (enquanto regulação criada pelos próprios agentes económicos, com acontece com os códigos deontológicos das instituições financeiras ou das ordens profissionais).

Por exemplo, constituem formas de regulação pública da economia a imposição de condições para a instalação de determinadas atividades económicas (um banco ou uma empresa produtora de armamento), a fixação de limites máximos ou mínimos aos preços dos bens ou dos serviços, a proibição da aquisição de uma sociedades comercial por outra ou a concessão de incentivos financeiros para fixar empresas privadas em determinadas regiões mais desfavorecidas.

3.2. Tipos de regulação

Em função dos seus objetivos, as medidas de regulação pública poderão ser agrupadas em duas categorias principais:

a) A primeira categoria compreende medidas que *condicionam a liberdade de iniciativa económica* em qualquer das suas componentes: acesso, organização e contratação. Esta modalidade de regulação é tradicionalmente designada por *polícia económica*. Exprime-se tipicamente através de medidas de caráter *preventivo* e *repressivo*.

  (i) No primeiro caso, *medidas preventivas*, trata-se de proibir ou condicionar o exercício de certas atividades económicas, cabendo à Administração fixar e verificar previamente o preenchimento de requisitos para o seu exercício. Os regimes de licenciamento de um loteamento ou de uma obra (art. 4º do Regime Jurídico de Urbanização e Edificação, aprovado pela Lei nº 60/2007, de 4 de setembro), ou de autorização de uma concentração de empresas (art. 41º da LdC – Lei nº 19/2012, de 8 de maio) são exemplos deste tipo de regulação.

---

[8] Sobre o conceito e tipos de regulação, cfr. em especial Moreira, 1997.

(ii) No segundo caso, *medidas repressivas*, tem-se em vista a repressão de práticas ilícitas que como tal estão tipificadas na lei, podendo dar origem à aplicação de sanções. Destacam-se as *coimas* (sanções pecuniárias) e outras *sanções acessórias* (como é o caso do encerramento do estabelecimento) que resultem de processos de *contraordenação*, como acontece, por exemplo, quando não existe livro de reclamações (art. 26º do DL nº 69/2005, de 17 de março) ou quando há falta de higiene na manipulação de produtos alimentares de origem animal (art. 6º do DL nº 113/2006, de 12 de junho); e as sanções de natureza *penal*, como na venda de produtos contaminados, a qual constitui um "crime de produto avariado", com pena prevista de 1 a 8 anos de prisão (art. 282º do Código Penal).

b) A segunda categoria compreende as medidas de *incentivo, apoio ou auxílio* aos agentes económicos para que estes orientem a sua atividade em determinado sentido ou alterem os seus comportamentos tornando-os compatíveis com os objetivos das políticas públicas. Esta modalidade de regulação é tradicionalmente designada como de *fomento económico*. Mais do que uma função corretora do Estado sobre os mercados, está-se aqui perante uma função de orientação ou de promoção da atividade económica.

Medidas deste tipo podem exigir ou não contrapartidas por parte de quem delas beneficia. Os planos de desenvolvimento e os diversos tipos de auxílios de natureza financeira ou técnica concedidos pelos Estados às empresas enquadram-se neste tipo de regulação. Assim acontece, por exemplo, quando se concedem isenções fiscais a quem emprega jovens ou pessoas com capacidade de trabalho reduzida ou quando se concedem subsídios a empresas que introduzem sistemas mais eficientes de controlo da poluição.

Sendo estas categorias dois tipos "puros", na prática, muitas vezes misturam-se medidas de "polícia" com medidas de "fomento" económico, ou seja, utilizam-se proibições, permissões e incentivos com os mesmos objetivos. Por exemplo, em matéria ambiental, as proibições e sanções para determinados comportamentos combinam-se frequentemente com incentivos e auxílios às empresas para que voluntariamente se adaptem a regimes mais exigentes na salvaguarda de valores ambientais. De igual modo, a promoção da concorrência nos mercados pode implicar tanto medidas de proibição de concentrações entre empresas, como medidas de incentivo a essas mesmas concentrações tratando-se de PME cujo poder de mercado é importante reforçar.

3.3. As autoridades de regulação
3.3.1 As autoridades nacionais

As autoridades de regulação económica ao nível estadual são o Governo e as entidades da administração pública direta e indireta que, com maior ou menor autonomia, executam a política do Governo. As regiões autónomas e autarquias, no âmbito limitado das suas competências próprias, têm também competências regulatórias.

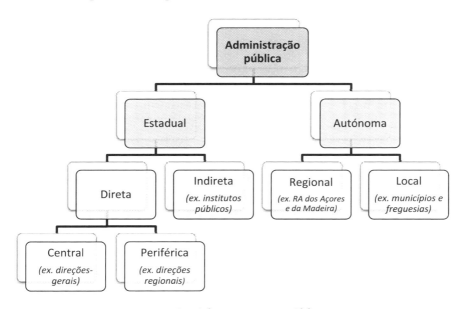

Figura 2 – Administração pública

a) Os poderes de regulação cabem em primeira linha ao *Governo*, não só em virtude do seu poder legislativo e regulamentar, mas pelo facto de, enquanto órgão superior da Administração pública, lhe competir a direção dos serviços e da atividade da *administração pública direta do Estado*, bem como a tutela da *administração pública indireta* (arts. 182º, 198º e 199º da CRP) (cfr. Figura 2)[9].

---

[9] Sobre a organização e competências do Governo, cfr. Capítulo 2.

b) A *administração direta* compreende os ministérios e as suas dependências (direções-gerais). Compete-lhe executar as políticas governamentais.
A administração direta inclui a *administração central* e formas de *administração desconcentrada ou periférica*. A desconcentração traduz-se no descongestionamento das competências dos órgãos e serviços administrativos supremos do Estado em benefício de órgãos e serviços periféricos ou locais. Assim acontece quando são passadas competências de uma direção-geral – administração central – para uma direção regional – administração desconcentrada ou periférica. Olhando, por exemplo, para a orgânica do Ministério da Agricultura, do Mar, do Ambiente e do Ordenamento do Território (MAMOT) do XIX Governo Constitucional (DL nº 7/2012, de 17 de janeiro) pertencem à administração direta central a Direção-Geral de Agricultura e Desenvolvimento Rural, a Direção-Geral de Política do Mar ou a Direção-Geral do Território. Por sua vez integram a administração direta desconcentrada ou periférica a Direção Regional de Agricultura e Pescas do Algarve ou a Comissão de Coordenação e Desenvolvimento Regional do Centro. No Ministério da Economia e do Emprego (MEE) (DL nº 126-C/2011, de 29 de dezembro), pertencem à administração direta central a Direção-Geral das Atividades Económicas ou a Direção-Geral do Consumidor, não existindo na atual orgânica deste Ministério administração direta periférica ou desconcentrada, após a extinção das direções regionais de economia.
c) A *administração indireta* compreende as entidades públicas dotadas de personalidade jurídica própria e autonomia administrativa e/ou financeira. Dela fazem parte os institutos públicos e as entidades administrativas independentes, enquanto subespécie de institutos públicos.
  i) Os *institutos públicos* são pessoas coletivas públicas de tipo institucional (o seu substrato é uma organização material e não associativa ou de base territorial), criadas pelo Estado ou por outras pessoas coletivas públicas para a prossecução de atribuições administrativas específicas. São exemplos de institutos públicos o Instituto do Turismo de Portugal (ITP), o Instituto Nacional de Estatística (INE), o Instituto da Vinha

e do Vinho (IVV), a Agência Portuguesa do Ambiente (APA) ou a Agência para a Modernização Administrativa (AMA). A autonomia administrativa dos institutos consiste no poder de praticar atos administrativos definitivos, ou seja, não passíveis de recurso hierárquico, que serão executórios desde que obedeçam a todos os requisitos para tal efeito exigidos por lei; a autonomia financeira significa que dispõem de receitas próprias, que aplicam livremente segundo orçamento privativo, às despesas ordenadas por exclusiva autoridade dos seus órgãos.

Os institutos públicos possuem órgãos próprios que são o Conselho Diretivo, composto por um presidente coadjuvado por dois vogais, e o Fiscal Único (arts. 18º, ss da Lei Quadro dos Institutos Públicos, na redação que lhe foi dada pelo DL nº 5/2012, de 17 de janeiro).

Estão sujeitos a tutela e a superintendência governamentais (arts. 41º e 42º da Lei Quadro dos Institutos Públicos). A *tutela* faz depender a prática de certos atos da autorização prévia do ministro da tutela e/ou do Ministro das Finanças, sempre que haja implicações financeiras. A *superintendência* permite ao ministro da tutela formular orientações e emitir diretivas aos órgãos dirigentes dos institutos.

ii) Por sua vez, as *entidades administrativas independentes* são uma subespécie dos institutos públicos (institutos públicos de regime especial). São organismos com funções administrativas especializadas e com independência orgânica e funcional, ou seja, os seus órgãos são inamovíveis durante o período para que são nomeados, não podendo ser destituídos antes do termo do mandato para que foram nomeados, salvo situações excecionais prevista na lei (cfr. *infra* os Estatutos da Autoridade da Concorrência aprovados pelo DL nº 10/2003, de 18 de janeiro), e não estão submetidos ao controlo hierárquico, nem à tutela ou superintendência de outro órgão administrativo ou governamental, exceto no que respeita a determinadas orientações expressamente previstas na lei, nem de qualquer outra entidade pública ou privada.

Estatutos da Autoridade da Concorrência

Artigo 4º
Independência

A Autoridade é independente no desempenho das suas atribuições, no quadro da lei, sem prejuízo dos princípios orientadores de política da concorrência fixados pelo Governo, nos termos constitucionais e legais, e dos atos sujeitos a tutela ministerial, nos termos previstos na lei e nos presentes Estatutos.

Artigo 15º
Cessação do mandato

1 – Os membros do conselho não podem ser exonerados do cargo antes de terminar o mandato, salvo o disposto nos números seguintes.
2 – O conselho só pode ser dissolvido mediante resolução do Conselho de Ministros, em caso de falta grave, de responsabilidade coletiva.
3 – Constituem falta grave, para efeitos do número anterior:
a) O desrespeito grave ou reiterado dos Estatutos ou das normas por que se rege a Autoridade;
b) O incumprimento substancial e injustificado do plano de atividades ou do orçamento.

Artigo 33º
Tutela

1 – No estrito respeito pela sua independência, a Autoridade está sujeita à tutela do ministro responsável pela área da economia, nos termos dos presentes Estatutos e demais legislação aplicável.
2 – Carecem de aprovação do ministro da tutela:
a) O plano de atividades e o orçamento;
b) O relatório de atividades e as contas anuais;
c) A aquisição ou alienação de bens imóveis, nos termos da lei;
d) Outros atos de incidência financeira ou orçamental previstos na lei.
3 – Carecem também de aprovação do ministro responsável pela área das finanças os documentos e atos previstos nas alíneas b), c) e d) do número anterior.

As entidades administrativas independentes exercem *funções de regulação setorial*, em especial nos mercados onde a concorrência é ainda limitada, como a energia ou as telecomunicações, ou naqueles que exigem regulação especial para garantir a sua solidez e segurança, como o mercado financeiro; e *funções de regulação transversal*, designadamente em matéria de defesa da concorrência. São exemplos de entidades administrativas independentes setoriais a Entidade Reguladora do Setor Energético (ERSE), o ICP – Autoridade Nacional de Comunicações (ICP-ANACOM), a Comissão de Mercado de Valores Mobiliários (CMVM) ou o Banco de Portugal (BdP). Por sua vez, a Autoridade da Concorrência (AdC) é uma entidade reguladora transversal, na medida em que lhe compete aplicar as regras da concorrência a todos os setores de atividade económica, incluindo àqueles que se encontram também sujeitos a regulação setorial.

d) A *administração autónoma territorial* compreende as regiões autónomas e as autarquias locais.
As *regiões autónomas* dos Açores e da Madeira, além da autonomia administrativa, exercem uma função política autónoma e detêm poderes legislativos próprios.
As *autarquias locais* são as freguesias e os municípios (art. 236º CRP). Não estão sujeitas a qualquer tipo de controlo hierárquico por parte do Governo ou da administração central, mas a mera *tutela da legalidade*, um poder que consiste na verificação do cumprimento das leis e regulamentos por parte dos órgãos e dos serviços das autarquias locais e entidades equiparadas (art. 242º CRP). Os municípios detêm competências administrativas e serviços próprios de caráter económico, naturalmente circunscritos à sua área territorial, como, por exemplo, a competência para licenciar obras ou para regular a abertura de diversos estabelecimentos de prestação de serviços e de comércio e determinados estabelecimentos industriais de menor dimensão.

3.3.2. As autoridades da União Europeia

Atualmente as funções de regulação económica são partilhadas entre as autoridades nacionais e as autoridades da União Europeia (UE). Dentro das suas competências, as instituições europeias têm poderes regulatórios, por exemplo, em matéria de concorrência, de supervisão dos mercados financeiros, de controlo de preços nos mercados agrícolas e de incentivo ao desenvolvimento económico. Embora estas competências se repartam por diferentes instituições e fundos estruturais (como o Fundo de Desenvolvimento Regional – FEDER, o Fundo Social Europeu – FSE, o Fundo Europeu de Orientação e Garantia Agrícola – FEOGA, e o Fundo de Coesão), a Comissão Europeia, enquanto poder executivo da UE, é o órgão regulatório por excelência. É composta por direções-gerais de âmbito setorial, como a DG Assuntos Económicos e Financeiros, a DG Concorrência, a DG Mercado Interno e Serviços, a DG Saúde e Consumidores ou a DG Emprego, Assuntos Sociais e Inclusão[10].

3.4. Os instrumentos da regulação

A regulação ocorre através de vários instrumentos, distribuídos pelas diversas fases de um processo regulatório:

i) Definição de opções políticas e sua expressão em *regras* através de um *ato legislativo e/ou regulamentar;*
ii) Desenvolvimento de *tarefas administrativas* (através de atos ou de contratos administrativos) que permitam a aplicação da lei e/ou dos regulamentos;
iii) *Supervisão* e *fiscalização* do cumprimento das regras;
iv) *Resolução de conflitos* e *aplicação de sanções* às infrações;
v) *Avaliação* dos resultados efetivos das opções políticas e das regras que as concretizaram e sua *revisão* se tal se mostrar necessário (cfr. *infra* um exemplo das diferentes fases de um processo regulatório).

Exemplo de um processo regulatório para fomentar o empreendedorismo

- *Opção política* e *ato legislativo* – O Governo pretende *fomentar o empreendedorismo*, facilitando a instalação de pequenas empresas de comércio e serviços. Para concretizar esta opção política começa por aprovar em Conselho de Ministros, através de um *decreto-lei*, um novo regime jurídico para a abertura desse tipo de estabelecimentos e atividades conexas (esplanadas, instalação de toldos, publicidade, etc.), como aconteceu no caso da iniciativa «Licenciamento Zero», em abril de 2011 (DL nº 48/2011 de 1 de abril).

---

[10] Para maiores desenvolvimentos sobre o quadro institucional da UE, cfr. Capítulo 3.

- *Regulamentação* – Nesse novo regime, para além de um *procedimento administrativo mais simples, menos burocrático e mais rápido*, o Governo prevê a criação de um balcão único eletrónico onde possam ser realizados todos os procedimentos necessários para as empresas iniciarem a sua atividade. O decreto-lei estipula que as funcionalidades desse balcão sejam definidas por uma *portaria* (ato regulamentar), o que é da competência do ministro ou ministros indicados no decreto-lei em questão. Por sua vez, há matérias, como as condições de instalação da esplanada de um restaurante no domínio público municipal, que devem ser objeto de *regulamento municipal* a aprovar pelas assembleias municipais de cada município.

- *Tarefas administrativas para aplicação da lei e dos regulamentos* – Depois disso, a entidade administrativa responsável pela gestão do referido balcão único (a qual pode ser uma entidade da administração direta, como uma direção-geral, ou da administração indireta, como um instituto público) tem de desenvolver as aplicações informáticas necessárias para o funcionamento do balcão, podendo praticar para o efeito *atos administrativos* (decisão de abrir um concurso para contratação de uma empresa que desenvolva essas aplicações) e *contratos administrativos* (adjudicação desse serviço à empresa privada que venceu o concurso). Será ainda necessário formar os funcionários que têm de lidar com o novo regime e com o sistema informático que suporta o balcão.

- *Fiscalização* e *aplicação de sanções* – Após a entrada do sistema em funionamento, é necessário que a administração *fiscalize* o cumprimento da lei, por exemplo, através da ASAE e dos municípios, em especial quando a lei elimina o controlo prévio do exercício de uma determinada atividade económica, dispensando as permissões administrativas antes existentes. Em caso de eventual violação do regime jurídico, compete à administração instruir o processo de contraordenação e aplicar as devidas *sanções* (coimas e eventuais sanções acessórias);

- *Avaliação* e *revisão* – Ao Governo cabe ainda *avaliar* os resultados da sua iniciativa legislativa após algum tempo de vigência da mesma, para verificar se de facto o novo regime permitiu alcançar os objetivos pretendidos, em especial o de facilitar o desenvolvimento das atividades económicas nele compreendidas, aumentar a eficiência da administração e reduzir os custos administrativos para os particulares. Finalmente, o Governo deve corrigir o que se mostre necessário na regulação em consequência dos resultados da avaliação.

Como foi referido no Capítulo 1, as regras que concretizam determinadas opções políticas podem constar de um tratado internacional, de um regulamento ou diretiva comunitários, de uma lei da AR ou de um decreto-lei do Governo eventualmente complementados por uma portaria e/ou por um regulamento municipal. Para além destas regras com natureza imperativa ("*hard law*"), existe ainda o chamado "*soft law*", que compreende recomendações, orientações e códigos de conduta.

No desenvolvimento da sua atividade para aplicar as leis (em sentido amplo) e operacionalizar as políticas públicas, a Administração pública pratica *atos administrativos* e celebra *contratos administrativos*.

i) Um *ato administrativo* é um ato jurídico unilateral (por oposição aos contratos administrativos) de uma autoridade administrativa, com caráter decisório e concreto (o que o distingue de um regulamento administrativo), e subordinado ao direito público (por contraposição aos atos de direito privado) (Dias e Oliveira, 2010: 166).

Os atos administrativos podem ser *permissivos*, como, por exemplo, a emissão de uma licença para o exercício de uma atividade relativamente proibida por lei (a colocação de um suporte com publicidade no domínio público) ou a atribuição de uma subvenção para a organização de uma feira do livro; ou ser *impositivos*, ou seja, podem impor uma conduta ao seu destinatário ou sujeitá-lo a certos efeitos jurídicos, como, por exemplo, a decisão de expropriar um terreno privado para a construção de uma estrada, a obrigação de colocar o lixo nos contentores previstos para o efeito, a punição por estacionamento indevido, o estabelecimento de metas ambientais em matéria de reciclagem industrial, a classificação dos estabelecimentos de hotelaria de acordo com a respetiva qualidade, etc.

«Por sua vez, uma sucessão ordenada de atos [administrativos] e formalidades tendentes à formação e manifestação da vontade da Administração pública ou à sua execução» constitui um *procedimento administrativo* (Dias e Oliveira, 2010: 201). É o caso do procedimento que conduz à emissão de uma qualquer licença para o exercício de uma atividade económica como abrir um estabelecimento industrial, explorar uma rede de telemóveis, ou instalar uma esplanada numa praia. Os procedimentos administrativos são regulados pelo Código de Procedimento Administrativo (CPA). O CPA disciplina a forma como devem decorrer esses procedimentos de modo a salvaguardar os direitos dos particulares e o interesse da Administração.

ii) Um *contrato administrativo* é um acordo de vontades pelo qual é constituída, modificada ou extinta uma relação jurídico-administrativa entre pessoas coletivas da Administração pública (por exemplo, um contrato entre uma universidade e um município para a realização de um estudo sobre comércio tradicional em zona histórica) ou entre a Administração e os particulares (por exemplo, um contrato de fornecimento de *software* a um ministério).

Os contratos administrativos podem ser de *empreitada* ou de *concessão de obras públicas*, de *concessão de serviços públicos*, de *concessão de exploração de bens do domínio público*, de *locação de bens móveis* e de *aquisição de bens móveis ou de serviços*. Pela sua notoriedade, importa analisar os contratos de concessão.

A *concessão de obras públicas* é o contrato pelo qual o cocontratante se obriga à conceção e/ou execução de obras públicas, adquirindo em contrapartida o direito de proceder, durante um determinado período, à respetiva exploração, e, se assim estipulado, o direito ao pagamento de um preço. Por exemplo, constitui uma concessão de obras públicas a construção de autoestradas ou de uma ponte a serem exploradas pela empresa que executou essa obra.

A *concessão de serviços públicos* é o contrato pelo qual o cocontratante se obriga a gerir em nome próprio e sob sua responsabilidade uma atividade de serviço público, durante um período de tempo, sendo remunerado pelos resultados financeiros dessa gestão ou diretamente pelo contraente público. Como exemplo, refira-se a exploração de um bar de uma universidade pública.

Por sua vez, a *concessão da exploração de bens do domínio público* é um contrato administrativo em que o particular se encarrega de gerir ou explorar um bem do domínio público por sua conta e risco. O particular não é pago pela Administração, mas pelas taxas cobradas aos utilizadores ou pela exploração económica do bem. Assim acontece, por exemplo, quando é concessionada a exploração de uma zona balnear através do aluguer de barracas e do funcionamento de um bar de praia (arts. 407º e 408º do Código dos Contratos Públicos)[11].

---

[11] Para maiores desenvolvimentos, cfr. Dias e Oliveira, 2010: 278, ss.

O procedimento conducente à contração pública obedece a regras especiais contidas no *Código dos Contratos Públicos* (DL nº 18/2008, de 29 de janeiro). Tem como objetivos principais garantir a *igualdade* de acesso de todos os interessados na adjudicação de um contrato público, a *transparência* das aquisições públicas e a *concorrência*, ou seja, a participação do maior número possível de interessados[12].

3.5. As principais áreas da regulação pública da economia

As áreas de maior incidência da regulação pública da economia têm variado ao longo do tempo por razões que se prendem com o desenvolvimento industrial e tecnológico, com as preocupações e as dinâmicas sociais, com os fenómenos da internacionalização e globalização da economia e com as políticas de nacionalização, liberalização ou privatização. Assim, ao mesmo tempo que algumas das áreas tradicionais da regulação, como a fixação de preços de bens essenciais, perderam importância nos anos oitenta e noventa do século XX, emergiram outras, como o controlo da qualidade dos produtos, dos impactos ambientais ou da informação relativa aos valores mobiliários e da comunicação nas redes eletrónicas.

Para além da *regulação de natureza transversal*, como a da defesa da concorrência ou a da proteção de dados pessoais, que se aplica a uma pluralidade de atividades económicas distintas, é ainda possível isolar *áreas específicas* de *regulação setorial*, como os transportes, a energia, o turismo, as telecomunicações, o comércio, os serviços financeiros, etc.

Pela sua especial importância no funcionamento de uma economia de mercado analisaremos duas áreas da regulação pública: a primeira é a da regulação do *acesso à atividade económica*, na medida em que limita, restringe ou afeta, em nome da defesa e promoção do interesse público, um pressuposto fundamental de uma economia de mercado que é o da liberdade de iniciativa económica; a segunda é a da defesa da *concorrência*, na medida em que protege outro elemento constituinte de uma economia do mercado – a concorrência – em nome do livre funcionamento do próprio mercado e do interesse do consumidor.

---

[12] Para maiores desenvolvimentos, cfr. Dias e Oliveira, 2010 e Caupers, 2009.

4. O acesso à atividade económica
4.1. O direito à liberdade de iniciativa privada e as suas restrições

Um dos elementos estruturantes de uma economia de mercado é a liberdade de acesso à generalidade das atividades económicas que se encontra consagrado no art. 61º da CRP como um direito económico, mas não como um direito absoluto. «A iniciativa económica privada exerce-se livremente nos quadros definidos pela Constituição e pela lei e tendo em conta o interesse geral (art. 61º, 1). Admitem-se, assim, em nome do interesse geral, limitações constitucionais e legislativas de grau variado (tanto maiores quando maior for o risco associado a uma dada atividade) ao modo como os direitos que resultam da liberdade de iniciativa privada podem ser exercidos, quer na vertente do acesso ou entrada numa atividade económica, quer na respetiva organização e exercício.

4.2. As reservas a favor do setor público e outras limitações

Na vertente do acesso a uma atividade económica, essas limitações constituem barreiras à entrada no mercado, podendo traduzir-se na *interdição absoluta* ou *relativa* ao *acesso a determinadas atividades*, com reserva da propriedade dos meios de produção para o Estado, o qual eventualmente permitirá a sua exploração por entidades privadas através de contratos de concessão. Normalmente compreendem-se aqui atividades que apenas podem ser exercidas em regime de monopólio (como a rede de caminhos de ferro) e/ou que constituem serviços de interesse económico geral fundamentais para a coesão social e/ou territorial, ou seja, serviços que compreendem obrigações específicas de serviço público em virtude de um critério de interesse geral (como a distribuição de correio ao domicílio).

Limitações dessa natureza ao acesso à atividade económica existem atualmente para as seguintes atividades (art. 1º da Lei nº 88-A/97, de 25 de julho, que regula o acesso da iniciativa privada a determinadas atividades económicas):

- captação, tratamento e distribuição de água para consumo público, recolha, tratamento e rejeição de águas residuais urbanas, em ambos os casos através de redes fixas, e recolha e tratamento de resíduos sólidos urbanos, no caso de sistemas multimunicipais e municipais;
- comunicações por via postal que constituam o serviço público de correios;
- transportes ferroviários explorados em regime de serviço público;
- exploração de portos marítimos.

É também reservado ao Estado o acesso aos recursos do subsolo e a outros recursos naturais que, nos termos constitucionais, pertencem ao domínio público (cfr. art. 84º da CRP). A sua exploração será sempre sujeita ao regime de concessão ou outro que não envolva a transmissão da propriedade dos recursos a explorar, mesmo quando a referida exploração seja realizada por empresas do setor público ou de economia mista (art. 2º da Lei nº 88-A/97).

Além das reservas a favor do setor público, existem outras limitações legais ao acesso a determinadas atividades. Em certos casos, essa limitação deriva do facto de se tratar de monopólios naturais, cuja exploração é exercida por uma só entidade, como é caso das redes de água, eletricidade e linhas férreas. Noutros casos, são atividades contingentadas por lei, por razões de diversa natureza, como acontece com a exploração do serviço de táxis, da inspeção de veículos automóveis ou das farmácias.

4.3. As permissões administrativas

Em sentido amplo, a questão do acesso à atividade económica não se limita, contudo, à liberdade de entrada num determinado setor e respetivas exceções. Abrange também *o direito a exercer em concreto a atividade num determinado local*, o qual pode ser completamente livre ou depender de uma *permissão administrativa*, ou seja, *um ato ou um contrato administrativo que visa possibilitar o acesso ou o exercício de uma atividade económica nos casos em que essa atividade não possa ser prestada livremente ou através de uma mera comunicação prévia.*

Há vários tipos de permissões administrativas, mais ou menos exigentes: uma licença, uma autorização, um ato emitido na sequência de uma comunicação prévia com um prazo fixado por lei para a Administração se pronunciar.

O que está em causa nestes casos, não é a liberdade de empreender em abstrato, mas sim o direito de exercer uma atividade económica em concreto. Para proteger determinados valores e interesses (a segurança financeira, o ambiente, o ordenamento do território, a saúde, etc.) são fixadas restrições ou condicionamentos especiais ao modo como a iniciativa privada pode ser exercida.

A necessidade de uma permissão administrativa para o acesso ou o exercício de uma atividade económica tem, contudo, de ser justificada, de forma proporcional, por uma imperiosa razão de interesse público. Tal significa que o tipo de controlo prévio, mais ou menos exigente, que através dessa permissão é feito sobre o exercício de uma atividade económica, deve ser selecionado em *função do risco* que dela pode decorrer para o interesse público em geral. Quanto maior for esse risco, mais exigente será o tipo de controlo e de permissão requeridos. Por exemplo, o risco que pode resultar da instalação de um estabelecimento industrial de petroquímica é seguramente maior do que o da instalação de uma pequena indústria de compotas. A construção de uma pequena moradia numa zona já urbanizada afeta menos o ordenamento do território e o planeamento urbano do que a construção de um edifício de 50 andares. Por esse motivo, devem ser diferentes as permissões exigidas num caso e no outro.

As permissões administrativas consubstanciam-se, designadamente, em licenças, autorizações e atos emitidos na sequência de comunicações prévias com prazo.

a) *Licença* é um «ato administrativo pelo qual a Administração confere a alguém o direito de exercer uma determinada atividade privada relativamente proibida por lei» (a licença levanta essa proibição legal) (Caupers, 2009: 242). Por exemplo, é necessária uma licença para a exploração de uma pedreira, a qual deve ser atribuída pelo Ministério da Economia e do Emprego (art. 11º do DL nº 340/2007, de 12 de outubro). Depende também de uma licença do município a realização de um concerto numa praça pública (DL nº 310/2002, de 18 de dezembro, alterado pelo DL nº 204/2012, de 29 de agosto).

b) *Autorização* é um ato administrativo pelo qual a Administração confere a alguém o exercício de um direito ou de uma competência preexistente (neste caso a ordem jurídica apenas condiciona o exercício do direito; o ato administrativo "descondiciona-o").
Se alguém quiser criar um banco tem de obter previamente uma autorização do Banco de Portugal para o efeito, a qual se encontra condicionada ao preenchimento de uma série de exigências de forma (tratar-se de uma sociedade anónima) e de substância, nomeadamente em matéria de solvabilidade. Neste domínio, a exigência de autorização prévia tem em vista salvaguardar o interesse da economia nacional e a solidez dos investimentos. Estamos perante uma atividade particularmente sensível pela sua própria natureza (tecnicidade, risco), pelo poder inerente ao capital financeiro, pela sua interferência na massa monetária em circulação

e, consequentemente, na política económica, e pelas repercussões das suas decisões (designadamente no domínio do crédito ou da cobertura de riscos) noutros setores de atividade e junto dos consumidores. O risco sistémico associado ao exercício da atividade financeira explica, portanto, que o respetivo regime de acesso seja mais exigente.

A necessidade de autorização também se verifica para o exercício da atividade industrial, quando se trata de atividades de maior risco que exigem avaliação prévia do impacto ambiental, como sucede com a instalação e funcionamento de uma indústria cimenteira (cfr. arts. 11º e 12º do Decreto-Lei nº 169/2012, de 1 de agosto, que contém o Sistema de Indústria Responsável – SIR).

Fora da atividade económica, também a realização de uma manifestação pública (direito consagrado no art. 45º, 2 da CRP) carece de autorização prévia.

c) *Comunicação prévia com prazo* é uma declaração efetuada por um agente económico, necessária ao início de uma atividade, e que permite o exercício da mesma quando a autoridade administrativa não se pronuncie após o decurso de um determinado prazo (art. 8º do DL nº 92/2010, de 26 de julho).

Assim, por exemplo, se o titular da exploração de um restaurante pretender abrir uma esplanada no meio de uma via pública pedonal, tem de o comunicar previamente ao município. Este tem 20 dias para se pronunciar sobre essa comunicação findos os quais, se o município nada disser, poderá ser instalada a referida esplanada (art. 12º, 4 do DL nº 48/2011, de 1 de abril).

O mesmo regime é aplicável à edificação de uma piscina numa moradia (art. 6º, 3 do regime jurídico da urbanização e da edificação, aprovado pelo DL nº 555/99, de 16 de dezembro, republicado pela Lei nº 60/2007, de 4 de setembro).

4.4. A mera comunicação prévia

Pode ainda ser exigida uma *mera comunicação prévia à Administração* antes do início de uma atividade económica. Esta figura é normalmente utilizada para o acesso a atividades com menor risco. Trata-se do cumprimento de um mero dever de informação à Administração e não de uma permissão administrativa. O início da atividade em causa não depende assim da anuência da entidade administrativa a quem é comunicada. Ela pode ser imediatamente iniciada após a comunicação ser feita regularmente.

O facto de não ser necessária uma permissão administrativa não significa que o acesso a essas atividades económicas (por exemplo, a exploração de um cabeleireiro ou de um café) seja totalmente desregulado. No caso de uma mera comunicação prévia, as condições exigidas são pré-definidas pelas entidades administrativas competentes, da Administração central ou local, assumindo o particular a responsabilidade pelo seu cumprimento na referida comunicação prévia. A fiscalização administrativa do cumprimento ocorrerá posteriormente ao início da atividade.

Com a figura da mera comunicação prévia privilegia-se a padronização das condições exigidas para o exercício de atividades económicas de baixo risco, reforçando-se o relevo da atividade regulamentar da Administração em detrimento do enfoque na apreciação casuística do processo individual. Ao mesmo tempo, inverte-se o tradicional princípio de desconfiança da Administração em relação aos particulares a favor da confiança na sua iniciativa e responsabilidade, ainda que isso possa ser acompanhado de um agravamento das sanções para quem não cumpra voluntariamente as regras que deve observar.

O regime da mera comunicação prévia aplica-se à instalação e modificação de estabelecimentos de restauração ou de bebidas, de comércio de bens, de prestação de serviços ou de armazenagem, bem como à instalação de mobiliário urbano no domínio público, desde que se respeitem as condições definidas no regime do *Licenciamento Zero* (art. 12º do DL n.º 48/2011, de 1 de abril) e no regulamento municipal do município onde se pretende exercer a atividade em causa. Por exemplo, para a instalação de um toldo pode ser exigida uma altura mínima de colocação e mesmo uma cor particular pré-fixada no referido regulamento municipal[13].

O regime da mera comunicação prévia aplica-se também à criação de indústrias tipo 2 e 3, compreendendo a atividade industrial com menor risco, devido nomeadamente ao tipo de atividade, à sua dimensão, à energia consumida ou à ausência de impactos ambientais relevantes (cfr. DL n.º 169/2012 de 1 de agosto, que contém o Sistema de Indústria Responsável –SIR).

---

[13] Sobre o regime do *Licenciamento Zero*, cfr. Marques *et al.*, 2012.

5. A defesa da concorrência
5.1. Sistemas de defesa da concorrência
A legislação de defesa da concorrência, também conhecida como *direito antitrust*, visa proteger o livre funcionamento do mercado. Para esse efeito, ela proíbe comportamentos restritivos de empresas coligadas e abusos de posição dominante, e sujeita a autorização prévia determinadas operações de concentração.

O direito da concorrência teve a sua origem no *Sherman Act*, publicado nos EUA em 1890, que foi a primeira lei *antitrust*. Na Europa, por influência alemã e mais tarde por impulso da então Comunidade Económica Europeia, o direito da concorrência desenvolveu-se depois da segunda Guerra Mundial e é hoje particularmente importante nos Estados-Membros da UE.

As regras da concorrência previstas no TFUE aplicam-se em todos os Estados-Membros e o direito nacional da concorrência de cada um deles foi desenhado à semelhança do direito da União. Desse modo, embora naturalmente seja diferente o respetivo âmbito de aplicação, quando se percebe a estrutura e o conteúdo essencial do direito da concorrência da UE percebe-se em simultâneo o regime português e o de muitos outros Estados-Membros.

Por este motivo, analisaremos preferencialmente o direito europeu da concorrência, sem deixar de destacar o que é singular no direito português.

5.2. O sistema de defesa da concorrência no direito da União Europeia e no direito português
5.2.1. Objetivos do direito da concorrência
De acordo com o art. 119º, 1 do TFUE, a política económica da União e dos Estados-Membros é conduzida de acordo com o princípio de uma economia de mercado aberta e de livre concorrência.

A função das regras europeias da concorrência é a de assegurar a liberdade de acesso ao mercado e as liberdades de determinação da oferta e da procura. Este objetivo, contudo, deve ser articulado com a prossecução de finalidades económicas como o crescimento, o equilíbrio ou o pleno emprego, o que obriga a analisar cada mercado em concreto e a compatibilizar a defesa da concorrência com outros instrumentos e políticas que permitam prosseguir os fins enunciados no art. 3.º do TUE. A concorrência não é portanto um fim em si mesmo (sistema da concorrência-fim), mas um meio de garantir uma economia social de mercado competitiva (sistema da concorrência-meio).

Por sua vez a Constituição da República Portuguesa, no art. 81º, *f*), estabelece que é tarefa prioritária do Estado assegurar o funcionamento eficiente dos mercados, de modo a garantir a concorrência equilibrada entre as empresas, a contrariar as formas de organização monopolistas e a reprimir os abusos de posição dominante e outras práticas lesivas do interesse geral.

5.2.2. A estrutura do direito da concorrência

O *direito europeu da concorrência* assenta em dois conjuntos de normas:

- O primeiro conjunto dirige-se diretamente aos operadores económicos, isto é, às *empresas* privadas e públicas. Comporta três categorias distintas: normas sobre coligações (art. 101.º TFUE); normas sobre o abuso de posição dominante (102.º TFUE); e normas sobre o controlo prévio das operações de concentração (Regulamento do Conselho nº 139/2004, de 20 de janeiro de 2004).
- O segundo conjunto dirige-se às autoridades públicas nacionais em matéria de auxílios de Estado (art. 107º do TFUE) e de monopólios públicos (art. 37º do TFUE).

Ao lado deste direito base da concorrência, existe todo um conjunto de *normas complementares* de direito derivado, quer de natureza material (nomeadamente relativas a isenções), quer de natureza processual, bem como Comunicações da Comissão Europeia. Importância decisiva nesta matéria assumem ainda as *decisões do Tribunal de Justiça da União Europeia* (TJUE) por transmitirem posições de princípio e funcionarem, na prática, como verdadeira fonte do direito, e as *decisões administrativas individuais proferidas pela Comissão*, por refletirem a política de concorrência que, sob controlo do TJUE, esta instituição leva a cabo.

A aplicação do direito da concorrência da UE é da responsabilidade da Comissão Europeia, de cujas decisões é possível recorrer para o TJUE.

O *regime jurídico português da concorrência* está atualmente contido na Lei nº 19/2012, de 8 de maio (LdC). A sua estrutura corresponde, no essencial, à do direito da União Europeia (cfr. Quadro 1 sobre a correspondência entre o direito português e o direito da UE).

Tal como o direito da UE, a lei portuguesa inclui normas que proíbem certas coligações entre empresas (arts. 9º e 10º) e o abuso de posição dominante (art. 11º); normas que permitem o controlo das concentrações de empresas (arts. 36º, ss); e normas relativas aos auxílios públicos que restrinjam a concorrência (art. 65º). Inclui ainda a proibição do abuso de dependência económica (art. 12º), figura enquanto tal inexistente no direito europeu.

Quadro 1 – Tabela de correspondência direito europeu/
direito nacional da concorrência

Tabela de correspondência		
	Direito europeu da concorrência	Direito português da concorrência
Objetivos gerais	art. 119º TFUE	art. 81º CRP
Âmbito de aplicação	(Jurisprudência)	art. 2º LdC
Noção de empresa	(Jurisprudência)	art. 3º LdC
Tipos de coligações: Acordos, decisões de associações e práticas concertadas de empresas	art. 101º, 1 TFUE	art. 9º, 1 LdC
Exemplos de coligações restritivas	art. 101º, 1, a) a e) TFUE	art. 9º, 1, a) a d) LdC
Sanção	art. 101º, 2 TFUE	art. 9º, 2 LdC
Isenções e regra do balanço económico	art. 101º, 3 TFUE, Regulamentos de isenção	art. 10º LdC
Abuso de posição dominante	art. 102º TFEU	art. 11º, 1 LdC
Exemplos de práticas abusivas	art. 102º, a) a d) TFUE	art. 11º, 2 LdC
Abuso de dependência económica	Não previsto	art. 12º LdC
Empresas públicas	art. 106º TFUE	art. 4º LdC
Concentrações	Regulamento (CE) 139/2004	arts. 36º ss LdC
Auxílios de Estado	art. 107º TFUE	art. 65º LdC

O DL nº 10/2003, de 18 de janeiro, criou a Autoridade da Concorrência (AdC) que é o órgão por excelência em matéria de defesa da concorrência, tendo competência para a investigação e a decisão em primeira instância em todas as matérias de concorrência. Das suas decisões cabe recurso para o Tribunal da Concorrência, Regulação e Supervisão (Lei nº 46/2011, de 24 de junho).

A AdC é uma entidade dotada de independência face ao Governo, sem prejuízo da observância dos «princípios orientadores de política da concorrência fixados pelo Governo». Tem natureza de *entidade administrativa independente*. Por isso, está consagrada a inamovibilidade dos titulares dos cargos de membro do conselho e do fiscal único.

5.3. Âmbito de aplicação do direito da concorrência

O direito europeu aplica-se a comportamentos de empresas – *coligações ou abusos de posição dominante* – cujos «efeitos anticoncorrenciais» se façam sentir no território da UE (*princípio da territorialidade objetiva*), independentemente da sede das empresas se localizar dentro ou fora desse território, e que, simultaneamente, afetem as trocas comerciais entre Estados-Membros (*princípio da suscetibilidade de afetação do comércio intracomunitário*).

Assim, por exemplo, se uma coligação se destina a produzir efeitos fora da UE, não se aplicam as regras europeias, mesmo que as empresas intervenientes estejam localizadas no espaço da União. Inversamente, se essa coligação incluir empresas de fora da UE mas, por exemplo, fixar os preços de venda de produtos na União fica sujeita às regras da concorrência europeias.

Em 2007, a Comissão Europeia aplicou uma coima no valor de cerca de 992 milhões de euros às empresas *Otis (EUA)*, Kone (Finlândia), *Schindler (Suíça)* e ThyssenKrupp (Alemanha), por operarem em cartel na instalação e manutenção de elevadores e escadas rolantes na Bélgica, Alemanha, Luxemburgo e Holanda, entre 1995 e 2004. A Comissão concluiu que estas empresas manipulavam candidaturas a contratos de fornecimento, combinavam preços, partilhavam o conhecimento de projetos, trocavam informações sensíveis e controlavam mercados.

Além disso, as coligações ou abusos de posição dominante devem ser suscetíveis de *afetar as trocas comerciais entre os Estados-Membros*. Se tal não acontecer, esses comportamentos cairão, eventualmente, no campo de aplicação dos direitos nacionais. Para este efeito, a noção de *comércio* é bastante alargada. Compreende a circulação das mercadorias e as prestações de serviços às quais os Tratados são suscetíveis de serem aplicados. Exige-se ainda que tal afetação seja *sensível*, significativa, deixando-se assim de lado os acordos de importância menor (acordos *de minimis*).

> **Comunicação da Comissão relativa aos acordos de pequena importância que não restringem sensivelmente a concorrência nos termos do nº 1 do art. 81º do Tratado (atual art. 101º do TFUE) que institui a Comunidade Europeia (de minimis)**
> **(2001/C 368/07)**
>
> A Comissão considera que os acordos entre empresas que afetam o comércio entre os Estados-Membros não restringem sensivelmente a concorrência na aceção do nº 1 do art. 81º quando:
> *a)* A quota de mercado agregada das partes no acordo não ultrapassar 10 % em qualquer dos mercados relevantes afetados pelo acordo, quando este for concluído entre empresas que sejam concorrentes efetivos ou potenciais em qualquer desses mercados (acordos entre concorrentes)
> ou
> *b)* A quota de mercado de cada uma das partes no acordo não ultrapassar 15 % em qualquer dos mercados relevantes afetados pelo acordo, quando este for concluído entre empresas que não sejam concorrentes efetivos nem potenciais em qualquer desses mercados (acordos entre não concorrentes).
> Nos casos em que for difícil determinar se se trata de um acordo entre concorrentes ou de um acordo entre não concorrentes, aplica-se o limiar de 10 %.

O critério adotado pela legislação portuguesa é idêntico (art. 2º da LdC). Assim, proíbem-se os comportamentos anticoncorrenciais que ocorram no mercado nacional, mesmo que as empresas responsáveis por tais comportamentos se encontrem sedeadas fora do nosso território. Por exemplo, foi já acusada pela autoridade portuguesa da concorrência uma empresa com atividade no domínio do fabrico e venda de ferramentas, que tinha sede em França e não tinha sequer uma delegação em Portugal.

Quanto às *operações de concentração*, o Regulamento CE nº 139/2004 regula o controlo das operações de concentração de dimensão comunitária. Começa por definir o que são concentrações de dimensão comunitária (art. 1º) e determina que a única entidade competente para as analisar é a Comissão Europeia a quem essas concentrações têm de ser notificadas previamente.

De acordo com a lei portuguesa (art. 37º da LdC), as operações de concentração de dimensão nacional têm igualmente de ser notificadas previamente à AdC.

5.4. A proibição de coligações
5.4.1. Estrutura e conteúdo do art. 101º do TFUE e dos arts. 9º e 10º da LdC

O art. 101.º do TFUE possui a seguinte estrutura:

- no n.º 1 estabelece-se, como princípio básico, a *proibição de coligações* sob a forma de acordos entre empresas, decisões de associações de empresas e de práticas concertadas, sempre que estas tenham por objetivo ou por efeito impedir, distorcer, restringir ou falsear a concorrência no mercado interno. Nas cinco alíneas do n.º 1 enumeram-se, a título *exemplificativo*, alguns tipos de contratos ou comportamentos concertados que, por serem mais gravosos ou frequentes, o Tratado expressamente trata como coligações restritivas;
- o n.º 2 estabelece como *sanção* a nulidade dos acordos e das decisões de associações de empresa, sem prejuízo de outras sanções previstas pelo direito europeu derivado poderem vir a ser aplicadas;
- por fim, o n.º 3 formula um regime de *exceção*, abrindo a possibilidade de, satisfeitos certos condicionalismos, ser considerado inaplicável o princípio de proibição contido no n.º 1.

No caso da lei portuguesa, os arts. 9º e 10º da LdC reproduzem a estrutura do art. 101º do TFUE (cfr. Quadro 1).

5.4.2. Os agentes ou partes nas coligações

a) *As empresas*
   Uma empresa, para efeitos de aplicação das regras da concorrência, é qualquer unidade económica que exerça de forma permanente e com autonomia uma atividade económica determinada. Não necessita de ser uma sociedade comercial pública ou privada. Pode ser uma pessoa singular, como um cantor de ópera, um advogado ou um técnico oficial de contas (cfr. art. 3º da LdC).

b) As «associações de empresas»
Esta expressão engloba as formas de cooperação ou de coordenação entre empresas cuja independência está juridicamente garantida, implicando, pois, a coexistência de três elementos: a constituição livre e consciente, a igualdade dos membros, a autonomia dos associados.
O conceito abrange por exemplo, as associações profissionais (como a Ordem dos Técnicos Oficiais de Contas ou a dos Médicos), as associações desportivas (como a FIFA e a UEFA), quando a respetiva atividade seja económica, e as associações de empresas como os agrupamentos complementares de empresas (ACE), os agrupamentos europeus de interesse económico (AEIE) e as empresas comuns ou consórcios (*joint ventures*).

5.4.3. As formas de coligação

As coligações podem revestir a forma de *acordos entre empresas* (concurso de vontades individuais), *decisões de associações de empresas* (vontade coletiva) e *práticas concertadas*.

a) A noção de *acordo* é utilizada pelo direito da concorrência em sentido muito amplo. Abrange os contratos, quaisquer que eles sejam, de onde derivam obrigações juridicamente vinculativas, e os simples acordos, mesmo que tácitos ou não assinados, de onde resultam restrições à liberdade de agir ou de decidir de pelo menos uma das partes, incluindo os chamados «acordos de cavalheiros». Estes acordos tanto podem ser *horizontais* (entre empresas concorrentes) como *verticais* (entre empresas situadas em diferentes estádios do processo de produção ou de distribuição), tendo por objeto os conteúdos mais diversos (condições de comercialização, fixação de preços, troca de informações, uso e exploração de marcas e patentes, etc.).

Processo de contraordenação PRC 2005/25

Processo instaurado pelo Conselho da Autoridade da Concorrência a 23.03.2005, tendo por objeto uma eventual violação do art. 4.º da Lei n.º 18/2003, de 11 de junho (atual art. 9º da LdC). Nesta investigação foram analisadas práticas adotadas pelas empresas VATEL, Companhia de Produtos Alimentares, SA, SALEXPOR, Companhia Portuguesa de Sal Higienizado, SA, Sociedade Aveirense de Higienização de Sal, Lda., Vitasal, Indústria e Comércio de Sal, Lda., e Salmex, Sociedade Refinadora de Sal, Lda., que poderiam configurar uma restrição horizontal com a constituição de um cartel, ou seja, um *acordo para a fixação do preço de venda do sal*, por grosso, e *repartição do mercado* pelos seus membros.

Comunicado de 19.07.2012

A Autoridade da Concorrência condenou a empresa Lactogal – Produtos Alimentares SA, ao pagamento de uma coima no montante de 341.098,00 euros, por práticas lesivas da concorrência nos mercados da distribuição e comercialização de produtos lácteos (por exemplo, leite, bebidas lácteas aromatizadas, iogurtes, manteiga e queijo) no canal Horeca, em Portugal.

A decisão surge após inquérito oficioso, instaurado em 9 de setembro de 2010, por existirem indícios da implementação de *acordos verticais de fixação de preços* nos contratos celebrados pela Lactogal com os seus distribuidores do canal Horeca (hotéis, restaurantes e cafés).

No seguimento da investigação realizada, a Autoridade da Concorrência verificou a fixação, por parte da Lactogal, dos preços mínimos de revenda dos seus produtos no canal Horeca, bem como das margens de comercialização e de outras remunerações diretas ou indiretas dos seus distribuidores desde, pelo menos, o ano de 2003.

A interferência na determinação dos preços pelo livre jogo do mercado por parte da Lactogal consubstancia uma contraordenação, nos termos do disposto no n.º 1 do art. 4.º da Lei n.º 18/2003, de 11 de junho (atual art. 9º da LdC) uma vez que tem como objeto impedir, falsear ou restringir, de forma sensível, a concorrência.

A fixação de preços mínimos é uma restrição muito grave da concorrência. De facto, a restrição da liberdade dos revendedores de estabelecerem os seus preços de venda e de, assim, competirem entre si é de tal modo grave que é normalmente excluída dos regulamentos de isenção por categoria comunitários ou é identificada como uma restrição grave nas diversas orientações e comunicações da Comissão Europeia.

b) As *decisões de associação de empresas* pressupõem uma manifestação de vontade coletiva, formada segundo as regras que presidem ao funcionamento do tipo de associação ou agrupamento em causa, suscetível de distorcer a concorrência.

Processo de contraordenação PRC 2004/07

Processo instaurado pelo Conselho da Autoridade da Concorrência a 08.01.2004 tendo por objeto uma eventual violação do art. 4º da Lei nº 18/2003, de 11 de junho (atual art. 9º da LdC) e do art. 81º do Tratado CE (atual art. 101º do Tratado TFUE). Nesta investigação foram analisadas práticas adotadas pela AGEPOR – Associação dos Agentes de Navegação de Portugal, que poderiam configurar uma decisão de associação de empresas de fixação de tabelas de preços.

Processo de contraordenação PRC 2005/07

Processo instaurado pelo Conselho da Autoridade da Concorrência, tendo por objeto uma eventual violação do art. 4º da Lei nº 18/2003, de 11 de junho (atual art. 9º da LdC) e do art. 81º do Tratado CE (atual art. 101º do TFUE). Foram analisadas práticas adotadas pela Ordem dos Médicos que poderiam configurar uma *decisão de associação de empresas*. Em causa neste processo estavam alguns artigos do Código Deontológico, do Regulamento de Laudos e do Código de Nomenclatura que estabeleciam os *critérios de determinação dos honorários relativos ao ato médico praticado pelo médico em regime liberal*, fixando valores mínimos e máximos por ato médico.
Por causa do mesmo tipo de prática foram também condenadas a Ordem dos Médicos Dentistas (existência de uma "Tabela de Honorários") e a Ordem dos Médicos Veterinários (Processo de contraordenação PRC 2004/29).

---

c) Uma *prática concertada* é uma noção residual face às duas formas de coligação anteriores. Traduz-se num comportamento paralelo de várias empresas, resultante de uma concertação intencional entre elas. Assim sucederá, por exemplo, com a existência de contactos que visem revelar a um concorrente o comportamento que uma empresa decidiu adotar no mercado, ou com a publicação de anúncios de aumento de preços, seguidas do alinhamento pelas empresas concorrentes no sentido dos comportamentos sugeridos.

Ao «comportamento paralelo» soma-se a *vontade comum* de agir em conjunto, deduzida, em regra, a partir de presunções ou índices de diverso tipo. Não se priva, contudo, os operadores económicos do direito de se adaptarem de maneira inteligente ao comportamento verificado ou previsto dos seus concorrentes.

Prática concertada no ensino da condução

A Autoridade da Concorrência condenou várias empresas titulares de escolas de condução por terem participado, entre dezembro de 2007 e março de 2008, numa prática concertada de fixação dos preços do ensino da condução de veículos da categoria B (automóveis ligeiros) no Funchal.

O processo teve origem numa denúncia anónima que referiu a ocorrência de um aumento generalizado dos preços praticados pelas escolas de condução na cidade do Funchal para o ensino da condução de veículos da categoria B.

No seguimento da investigação realizada pela Autoridade da Concorrência verificou-se que, em janeiro de 2008, as empresas envolvidas aumentaram, de forma repentina e simultânea, os preços do ensino da condução de veículos da categoria B para os mesmos valores, após um período de instabilidade e tendência decrescente dos mesmos.

Para além de não existir, de um ponto de vista económico, uma explicação plausível para tais aumentos, constatou-se que, a partir de outubro de 2007 e antes dos referidos aumentos, ocorreram contactos entre as empresas envolvidas que tiveram o objetivo de concertar os preços do ensino da condução de veículos da categoria B, no Funchal, com o intuito de provocar a sua alta.

As empresas envolvidas retiraram claras vantagens da prática em causa, reduzindo a incerteza quanto ao comportamento futuro dos concorrentes em termos de preços, alterando assim as condições concorrenciais do mercado, pelo aumento da transparência quanto à conduta comercial de cada uma das empresas participantes e pelo aumento dos preços, obtendo um maior benefício com prejuízo dos consumidores.

A Autoridade da Concorrência deu assim como provada a violação do art. 4º da Lei nº 18/2003, de 11 de junho (atual art. 9º da LdC), uma vez que as empresas referidas participaram numa prática concertada que teve como objeto e efeito impedir, falsear ou restringir, de forma sensível, a concorrência.

5.4.4. As exceções à proibição de coligações

Num mundo competitivo e interdependente, as empresas necessitam de estabelecer laços de cooperação entre si, tendentes a explorar oportunidades, gerar sinergias ou evitar riscos excessivos. Essa cooperação pode ser *horizontal*, entre empresas concorrentes, ou *vertical*, entre empresas colocadas em diferentes fases dos ciclos de produção ou de distribuição.

Para facilitar a cooperação entre empresas relevante para a competitividade e o crescimento económico, preveem-se exceções à proibição de coligações. Essas exceções estão previstas no TFUE e em regulamentos, sob a forma de *isenção para uma categoria de coligações*. É o caso da isenção para acordos verticais (de distribuição exclusiva, acordos de franquia, acordos de licença de patente, etc.); ou através de uma isenção para *coligações individuais*, operada em concreto para uma determinada coligação (art. 101º, 3 do TFUE e art. 10º da LdC). Isentar estas coligações da proibição constante do nº 1 do art. 101º do TFUE ou do art. 9º da LdC quer dizer que elas são permitidas, tendo em conta a ponderação de outros valores (por exemplo, o desenvolvimento técnico que pode resultar de um acordo entre empresas ou vantagens para os consumidores), embora estejam preenchidas as condições que justificariam a sua proibição.

A concretização dessas isenções obriga a efetuar aquilo que na linguagem do direito da concorrência é conhecido por regra do *balanço económico*. Cabe às empresas que façam parte da coligação verificar se o balanço económico é ou não positivo de modo a que a coligação de que fazem parte possa beneficiar (ou não) de uma isenção.

Para que o balanço económico seja positivo é necessário que se verifiquem simultaneamente os seguintes pressupostos:

i) Que as coligações contribuam *objetivamente* para a melhoria da produção ou da distribuição ou para a promoção do progresso técnico ou económico, que pode ser entendido em sentido amplo, de forma a abarcar valores de índole social;

ii) Que aos utilizadores (consumidores finais, industriais e comerciantes estranhos à coligação) seja reservada uma parte equitativa do lucro daí resultante;

iii) Que não se imponham às empresas em causa mais restrições do que as necessárias para atingir os objetivos positivos acima referidos;

iv) Que tais coligações não deem a essas empresas a possibilidade de eliminar a concorrência relativamente a uma parte substancial dos produtos em causa.

Isenção do Acordo Ford-Volkswagen para a criação de uma empresa comum
(com instalação de uma fábrica em Palmela para a produção
de um veículo familiar monovolume)

Mediante una decisão formal adotada em conformidade com o art. 85.º do Tratado CEE (atual art. 101.º do TFUE), a Comissão aprovou o acordo entre os fabricantes de veículos automóveis Ford e Volkswagen, para criar uma empresa comum em Portugal (perto de Setúbal) destinada ao desenvolvimento e produção de veículos polivalentes, os quais serão vendidos sob versões distintas por ambas as entidades, com marcas registadas separadas e através das respetivas redes de distribuição. O balanço económico positivo assentou nos seguintes argumentos:

a) *O acordo melhorava a produção de bens e promovia o progresso técnico e económico*
– Produção de um veículo avançado (melhorado tecnicamente) e em várias versões;
– Melhoria da produção pela associação de competências e de saber-fazer;
– Realização de economias que permitiriam reduzir os custos de produção;
– Progresso técnico originando um veículo familiar aperfeiçoado;
– Utilização, na nova e moderna fábrica, da mais recente tecnologia de produção;
– Implementação de um novo sistema de logística de componentes "just in time";
– Criação de um parque industrial, próximo da fábrica, permitindo o acesso direto dos principais fornecedores às instalações;
– Fixação de novos padrões no segmento dos veículos familiares monovolumes (VFM), proporcionados, entre outros aspetos, por novos sistemas de suspensão, eixo, sistema integrado de segurança; bem como pelas melhorias do ponto de vista ecológico – baixas emissões e elevada eficiência do combustível...

b) *O acordo reservava uma parte equitativa dos benefícios aos consumidores*
– Oferta mais abundante e diversificada aos consumidores, através de redes de venda alargadas, de VFM de grande qualidade e a preços razoáveis;
– Transferência de benefícios para o consumidor impulsionada pela pressão concorrencial prevista para o segmento.

c) *As restrições contidas no acordo tinham um caráter indispensável*
– Impossibilidade de a Ford e a VW desenvolverem e produzirem, de forma tão rápida e eficiente, o VFM nas mesmas condições, em Portugal;
– Incapacidade de as partes, por si só, assegurarem um volume de produção equivalente ao da empresa comum;
– Exigência de mão de obra muito especializada que as empresas individualmente não dispunham;

> – Dificuldade das empresas-mãe, isoladamente, assegurarem a viabilidade do projeto;
> – Não penetração satisfatória no segmento dos VFM através da adaptação dos veículos "Aerostar" e "Caravelle".
>
> *d) O acordo não eliminava a concorrência numa parte substancial do mercado dos produtos em causa*
> – Aumento do leque de opções, incentivando a concorrência no segmento dos VFM, tornando-o mais equilibrado;
> – A perspetiva de aparecimento de novos construtores, num prazo de 5 a 10 anos, beneficiaria a concorrência a nível dos preços e da qualidade;
> – A diferenciação dos produtos e das margens de lucro (preços de venda fixados autonomamente pelas empresas fundadoras) garantiria a manutenção da concorrência entre a Ford e a VW.
>
> Face ao resultado do balanço, o acordo entre a Ford e VW foi isento da aplicação do art. 85.º, 1 (atual art. 101º do TFUE), embora sujeito a certas condições e obrigações:
> – Manutenção da diferenciação dos produtos, essencialmente ao nível dos motores, enquanto componentes vitais dos VFM;
> – Estabelecimento de cláusulas de salvaguarda como garantia das informações sensíveis, quer entre as empresas-mãe e a empresa comum, quer face à concorrência;
> – Informação/aprovação prévia da Comissão em determinadas situações (ex.: no caso de uma empresa-mãe não comercializar num Estado-Membro);
> – Definição da forma de cessação da empresa comum: cada empresa deve ceder ou obter a concessão das licenças tecnológicas necessárias para continuar a produzir o VFM.

5.5. A proibição do abuso de posição dominante
5.5.1. Estrutura e conteúdo do art. 102.º do TFUE e do art. 11º da LdC

O art. 102º do TFUE proíbe em absoluto que uma ou mais empresas explorem de forma abusiva uma posição dominante no mercado comum ou numa parte substancial deste.

Em princípio, uma empresa pode deter uma posição dominante num dado mercado. Não é a existência dessa posição legitimamente adquirida que se interdita neste artigo. A legitimidade de uma posição dominante pode derivar da vantagem que uma empresa adquiriu pelo facto de ser mais inovadora do ponto de vista tecnológico, de ser mais eficiente, etc. Por exemplo, a Microsoft nunca foi investigada pelas autoridades da concorrência europeias por ter uma posição dominante no mercado de produção de software para PCs, mas sim por comportamentos que assumiu (vendas ligadas entre o seu sistema operativo e outras aplicações, nomeadamente o seu *browser* para navegar na Internet), aproveitando o domínio de que dispunha precisamente no mercado de sistemas operativos.

De facto, o que se proíbe neste artigo são os comportamentos abusivos decorrentes de uma posição de domínio, como aconteceu no exemplo da Microsoft – vendas ligadas – e pode ocorrer com outras práticas referidas na lei a título exemplificativo (recusas de fornecimento a distribuidores, a prática de preços predatórios ou excessivos, etc.).

Contrariamente ao que sucede com as proibições constantes do art. 101º TFUE, não existe aqui possibilidade de serem atribuídas quaisquer isenções. Do ponto de vista do Tratado, a noção de abuso é em si mesma contrária a qualquer ideia de contribuição para o progresso económico.

No caso da lei portuguesa, o art. 11º da LdC adota o mesmo princípio do direito europeu igualmente sem admitir exceções (cfr. Quadro 1).

Exploração abusiva de uma posição dominante

Embora o simples facto de criar uma posição dominante através da concessão de direitos exclusivos, na aceção do art. 90º, 1, do Tratado CE (atual art. 106º do TFUE), não seja enquanto tal incompatível com o art. 86º (atual art. 102º do TFUE), um Estado-Membro viola as proibições estabelecidas nestas duas disposições quando a empresa em causa seja levada, pelo simples exercício dos direitos exclusivos que lhe foram atribuídos, a explorar a sua posição dominante de modo abusivo ou quando esses direitos possam criar uma situação perante a qual essa empresa seja levada a cometer esses abusos.

É esse o caso quando uma lei nacional não só concede a uma companhia portuária o direito exclusivo de fornecer mão de obra temporária aos concessionários de terminais e às outras empresas autorizadas a operar no porto, mas também, lhe permite concorrer com aquelas no mercado dos serviços portuários. Com efeito, através do simples exercício do seu monopólio, aquela empresa está numa situação que lhe permite falsear em seu benefício a igualdade de oportunidades entre os diferentes operadores económicos que atuam no mercado dos serviços portuários e é levada a abusar do seu monopólio ao impor aos seus concorrentes no mercado das operações portuárias preços excessivos para o fornecimento de mão de obra ou ao colocar à disposição daqueles uma mão de obra menos adaptada às tarefas a executar.

5.5.2. A posição dominante e o mercado relevante

A noção de posição dominante é relativa. Ela só tem sentido uma vez definido, em concreto, o mercado a que respeita, ou seja, aquilo que se designa normalmente como *mercado relevante* ou mercado em causa.

A noção de mercado relevante é, aliás, transversal a todo o direito da concorrência. Só delimitando o mercado relevante é possível saber se uma determinada coligação ou uma concentração afeta ou não sensivelmente a concorrência.

Para determinar o mercado relevante é necessário *delimitar o mercado* quer *(i)* do ponto de vista geográfico, quer *(ii)* do ponto de vista do produto.

(i) O *mercado geográfico relevante* compreende a área em que as empresas em causa fornecem produtos ou serviços e em que as condições de concorrência são suficientemente homogéneas. Assim, não é necessário que a posição dominante seja aferida em relação a todo o território da União ou a todo o território nacional, bastando que o seja em relação a uma «parte substancial» deste (art. 102º do TFUE; art. 11º da LdC). Essa parte varia conforme o tipo de produto ou serviço em causa. O mercado relevante geográfico pode, portanto, ser todo ou parte do espaço europeu, um só país ou até uma parte dele.
Por exemplo, no caso Magill (Processo Magill/Comissão nº 205/89), relativo a guias de televisão, o mercado relevante do ponto de vista geográfico foi limitado à Irlanda e à Irlanda do Norte; no caso Michelin (Processo Michelin/Comissão nº 322/81) relativo a pneus de substituição para veículos pesados, o mercado geográfico foi limitado apenas à Holanda; no caso Suiker Unie (Processo Suiker Unie/Comissão nº 40/73), relativo ao mercado da comercialização do açúcar, o mercado geográfico foi circunscrito ao sul da Alemanha.

(ii) Por sua vez, o *mercado do produto relevante* inclui todos os produtos e/ou serviços considerados permutáveis ou substituíveis pelo consumidor devido às suas características, preços e utilização pretendida.
Por exemplo, no caso United Brands (Processo United Brands/Comissão nº 27/76), vulgarmente conhecido por "Banana Chiquita", o produto em causa era a banana e não toda a fruta fresca como pretendia a empresa United Brands. Considerou-se que a restante fruta fresca não é um sucedâneo da banana, nomeadamente na alimentação das crianças, tendo a banana características próprias que a tornam preferida para essa função. Por sua vez, no caso Michelin

(Processo Michelin/Comissão nº 322/81), o mercado do produto foi limitado aos pneus novos para veículos pesados, em vez de incluir também os pneus para automóveis ligeiros.

Como pode deduzir-se, em princípio, quanto mais amplo for o mercado relevante, quer do ponto de vista geográfico, quer do ponto de vista do produto, mais difícil será concluir que uma dada empresa tem nele posição dominante. Assim, no exemplo antes referido, se o mercado do produto tivesse sido alargado a toda a fruta fresca, a United Brands não teria posição dominante e portanto nunca poderia ter sido acusada de prática abusiva por recusa de fornecimento.

Delimitado o mercado relevante importa aferir se a empresa tem nele uma posição dominante. A *posição dominante* tem sido aferida sobretudo a partir do critério do comportamento da empresa no mercado. Assim, considera-se em posição dominante a empresa que atua no mercado de forma independente, definindo autonomamente a estratégia a prosseguir sem ter em conta a dos seus concorrentes. Não é necessária a existência de um monopólio ou quase-monopólio para que haja posição dominante.

O critério do comportamento tem sido conjugado com o da análise da *estrutura de mercado* (sendo esta constituída pelo número de operadores económicos que concorrem entre si num dado mercado relevante), presumindo-se que a ausência de concorrência efetiva e/ou a detenção de quotas de mercado *significativas* indiciam a existência de posição dominante. Se a empresa possui uma quota de mercado igual ou superior a 50% presume-se que tem posição dominante. Abaixo dessa percentagem, para que haja posição dominante, é necessário considerar também outros fatores tais como a existência ou não de vantagens comerciais ou técnicas (patentes, *know-how* exclusivo, etc.), ou de outras barreiras à entrada (exigência de recursos financeiros elevados para exercer uma dada atividade ou a exigência de licenças ambientais muito difíceis de obter).

5.5.3. A exploração abusiva

Nem o Tratado nem a lei portuguesa contêm qualquer definição de exploração abusiva de posição dominante.

Existem duas modalidades principais de abuso:

- os abusos *por exploração* (em que a empresa em posição dominante explora o domínio que exerce no mercado em detrimento dos

demais agentes económicos), que englobam, por exemplo, preços excessivos, condições contratuais não equitativas ou discriminação;
- os *abusos por exclusão* (orientados para o afastamento de concorrentes do mercado) e que englobam, por exemplo, a recusa de fornecimento, a prática de preços predatórios ou de esmagamento de margens.

Na enumeração, não taxativa, de práticas abusivas feita pelo Tratado e pela lei portuguesa refere-se a imposição de preços não equitativos, quer sejam excessivos, quer sejam predatórios (ou agressivos), sem relação razoável com a contraprestação realizada e desproporcionados em relação aos custos suportados ou em comparação com os preços de produtos concorrentes; as condições de transação não equitativas como, por exemplo, os descontos injustificados, as limitações de produção, de distribuição ou de progresso técnico em desfavor dos consumidores (recusas de fornecimentos, de informações técnicas, etc.); as práticas discriminatórias; e as cláusulas de subordinação.

Práticas abusivas

Caso Deutsche Telekom/Comissão (2008)

O comportamento abusivo da Deutsche Telekom resultou da prática de subida dos preços cobrados pelo acesso à sua rede (única existente à época) por parte de outros operadores, de forma a tornar esses mesmos preços superiores aos da sua própria oferta retalhista, levando, consequentemente, ao esmagamento de margens.

O esmagamento de margens resulta da fixação conjunta, de forma artificial, de dois preços: o preço grossista e o preço retalhista, de forma a garantir que a diferença entre esses preços (margem) é insuficiente para fazer face aos custos da atividade retalhista.

Caso PT/ZON (acesso em banda larga)

Existiu um esmagamento de margens porque um concorrente do Grupo PT que quisesse acompanhar os preços retalhistas de acesso à Internet praticado pelas empresas do Grupo PT, recorrendo à oferta grossista da PT não o conseguiria fazer sem incorrer em prejuízos, ainda que fosse tão eficiente quanto a empresa retalhista do Grupo PT.

5.6. O abuso de dependência económica no direito português

Com a proibição específica do abuso de estado de dependência económica no direito português visa-se atingir comportamentos restritivos da concorrência de empresas com grande *poder de mercado*, mas sem posição dominante (art. 12º da LdC). A figura de dependência económica não consta do direito europeu.

O abuso de dependência económica pressupõe a existência de (i) uma relação vertical entre duas empresas (por exemplo uma relação entre um fornecedor e um distribuidor), (ii) o estado de dependência de uma dessas empresas em relação à outra e (iii) a ausência de uma alternativa equivalente em matéria de fornecimentos ou comercialização. Considera-se que a «empresa "vítima" não dispõe de alternativa equivalente quando o fornecimento do bem ou serviço em causa for assegurado por um número restrito de empresas e a empresa "vítima" não puder obter idênticas condições por parte de outros parceiros comerciais num prazo razoável»[14]. Além disso é necessário que a outra empresa tenha adotado (iv) comportamentos abusivos em relação à empresa "vítima" e que (v) esses comportamentos sejam suscetíveis de afetar o funcionamento do mercado ou a estrutura da concorrência.

A lei exemplifica alguns desses possíveis comportamentos abusivos: recusa de fornecimento, corte abrupto de relações comerciais (por exemplo de um grande distribuidor comercial relativamente a um seu fornecedor), tendo em conta as relações comerciais anteriores ou os usos do ramo de atividade económica.

Tal como no abuso de posição dominante, é o abuso em si que se sanciona e não a mera liberdade de escolha de parceiros negociais de acordo com as condições por eles oferecidas, nem obviamente a relação de dependência em si. E o abuso só será penalizado quando se traduza numa restrição da concorrência no mercado relevante.

---

[14] Cfr. www.concorrencia.pt

5.7. O controlo das operações de concentração
5.7.1. O controlo das operações de concentração de empresas de dimensão comunitária

a) A noção de concentração

Segundo o art. 3º do Regulamento (CE) 139/2004, de 20 de janeiro de 2004 (Regulamento relativo ao Controlo das Concentrações – RCC) realiza-se uma operação de concentração quando ocorre:
- A fusão de duas ou mais empresas (ou partes de empresas) inicialmente independentes (nº 1, *a)*);
- A aquisição do controlo da totalidade ou de parte de uma ou mais empresas (nº 1, *b)*);
- A criação de uma empresa comum com caráter duradouro para desempenhar uma atividade económica autónoma relativamente à das empresas-mãe.

Se qualquer destas operações tiver dimensão comunitária, nos termos do RCC tem de ser obrigatoriamente notificada à Comissão Europeia antes de ser concretizada. A Comissão pode autorizar a operação, com ou sem condições, ou recusá-la (arts. 6º a 8º do RCC).

b) A dimensão comunitária

O RCC aplica-se apenas às concentrações relativas a empresas de grande dimensão («dimensão comunitária», de acordo com a definição do art. 1º, 2 e 3). A fixação de limiares quantitativos relativos à dimensão das empresas e a notificação prévia à Comissão das operações de concentração são técnicas que permitem estabelecer linhas de demarcação que possibilitam à União controlar as concentrações mais perigosas para a concorrência sem condicionar excessivamente os operadores económicos.

A introdução de limiares permite proceder, em simultâneo, à delimitação do campo de aplicação do direito europeu perante o direito nacional (regra de conflitos). A Comissão preocupar-se-á apenas com as concentrações mais relevantes, deixando as restantes para a competência das autoridades dos Estados-Membros.

Assim, de acordo com o art. 1º do RCC, têm «dimensão comunitária» as operações de concentração que preencham *um* dos seguintes limiares:

– O volume de negócios total realizado à escala mundial por todas as empresas em causa, no último exercício, ser superior a 5 mil milhões de euros (valor absoluto da operação); e o volume de negócios total realizado individualmente na UE, pelo menos por duas das empresas em causa, ser superior a 250 milhões de euros (valor relativo da operação) (art. 1º, 2), a menos que cada uma das empresas em causa realize mais de dois terços do seu volume de negócios total na UE num único Estado-Membro.
– O volume de negócios total realizado à escala mundial pelo conjunto das empresas em causa ser superior a 2 500 milhões de euros; em cada um de pelo menos três Estados-Membros, o volume de negócios total realizado pelo conjunto das empresas em causa ser superior a 100 milhões de euros; em cada um de pelo menos três dos referidos Estados-Membros, o volume de negócios total realizado individualmente por pelo menos duas das empresas em causa ser superior a 25 milhões de euros; e o volume de negócios total realizado individualmente na UE por pelo menos duas das empresas em causa ser superior a 100 milhões de euros, a menos que cada uma das empresas em causa realize mais de dois terços do seu volume de negócios total na UE num único Estado-Membro.

Sublinhe-se ainda que o volume total de negócios é calculado segundo um processo complexo fundado nas relações de controlo financeiro, patrimonial e de gestão entre as empresas participantes na concentração e muitas outras que estejam a elas direta ou indiretamente ligadas (art. 5.º do RCC).

5.7.2. O controlo das concentrações no direito português

A noção de concentração adotada pela LdC é a mesma do direito europeu (art. 36º da LdC).

A obrigação de notificação da operação de concentração tem a ver com a quota de mercado (relevante) das empresas envolvidas depois da operação e com o volume de negócios que estas realizam no mercado nacional, o que confere importância à operação em termos do direito nacional da concorrência.

Assim, de acordo com o art. 37º, têm de ser previamente notificadas à AdC as concentrações que preencham *uma* das seguintes condições:

- Criem ou reforcem uma quota igual ou superior a 50 % no mercado nacional de determinado bem ou serviço, ou numa parte substancial deste;
- Criem ou reforcem uma quota igual ou superior a 30 % e inferior a 50 % no mercado nacional de determinado bem ou serviço, ou numa parte substancial deste, desde que o volume de negócios realizado individualmente em Portugal, no último exercício, por pelo menos duas das empresas que participam na operação de concentração seja superior a cinco milhões de euros, líquidos dos impostos com este diretamente relacionados;
- O conjunto das empresas que participam na concentração tenha realizado em Portugal, no último exercício, um volume de negócios superior a 100 milhões de euros, líquidos dos impostos com este diretamente relacionados, desde que o volume de negócios realizado individualmente em Portugal por pelo menos duas dessas empresas seja superior a cinco milhões de euros.

A AdC utiliza vários critérios na análise da operação notificada. Tenderá a proibir as operações das quais resultem entraves significativos à concorrência no todo ou em parte do mercado nacional, especialmente as que criem ou reforcem uma posição dominante. Serão autorizadas as concentrações de empresas que não sejam suscetíveis de criar entraves significativos à concorrência efetiva no mercado nacional ou numa parte substancial deste (art. 37º da LdC).

Exemplo de operação de concentração não autorizada pela AdC
Aquisição do controlo exclusivo da PT pela SONAE

Foi notificada à Autoridade da Concorrência uma operação de concentração de empresas realizada ao abrigo do disposto no art. 9º da Lei 18/2003 (anterior LdC). A operação de concentração em causa consistia na projetada aquisição do controlo exclusivo, pela SONAE, SGPS, SA e SONAECOM, SGPS, S.A., sobre a PORTUGAL TELECOM, SGPS, SA e PT MULTIMÉDIA – SERVIÇOS DE TELECOMUNICAÇÕES E MULTIMÉDIA, SGPS, SA, através de uma oferta pública geral de aquisição (OPA) das ações representativas do capital social destas. A SONAE, SGPS, SA é a sociedade-mãe do Grupo Sonae que desenvolve a sua atividade nos setores da indústria de derivados de madeira, retalho, imobiliário, turismo e telecomunicações.

A PT, SGPS, SA é a sociedade-mãe do Grupo Portugal Telecom que desenvolve a sua atividade na área das comunicações fixas, comunicações móveis, multimédia e audiovisuais, tecnologias de informação e aplicações informáticas.

A PT Multimédia é uma sub-holding do Grupo Portugal Telecom que desenvolve a sua atividade na área dos produtos e serviços multimédia, designadamente oferecendo serviços de televisão por subscrição e internet de banda larga, exibição e distribuição cinematográfica e distribuição de vídeo e videojogos.

A Sonaecom é uma sub-holding do Grupo Sonae que desenvolve a sua atividade nas áreas das telecomunicações, internet e multimédia, atuando primordialmente em quatro áreas, quais sejam, respetivamente, comunicações fixas, comunicações móveis, internet e setor multimédia, indústria do software e dos sistemas de informação.

Em 9 de junho de 2006, o Conselho da Autoridade da Concorrência decidiu, após a apreciação preliminar da notificação apresentada relativamente à operação de concentração, e ao abrigo da alínea c) do nº 1 do art. 35º da LdC de então, dar início a uma investigação aprofundada, por entender que a operação em causa, face aos elementos recolhidos, era suscetível de criar/reforçar uma posição dominante da qual podiam vir a resultar entraves significativos à concorrência nos mercados considerados como relevantes.

Exemplos de operações de concentração autorizadas pela AdC
Controlo exclusivo da Cimpor pela Camargo Corrêa

A Camargo Corrêa SA notificou a aquisição do controlo exclusivo sobre a Cimpor – Cimentos de Portugal, SGPS, SA, através da realização de uma oferta pública de aquisição.

A Camargo Corrêa SA é uma holding constituída nos termos do direito brasileiro cujo grupo de empresas desenvolve atividades em setores diversos, como a engenharia e construção, cimento, concessões de energia e transporte, calçado e artigos desportivos, indústria naval e promoção imobiliária.

A Cimpor – Cimentos de Portugal, SGPS, SA é uma empresa ativa na produção e comercialização de cimento, betões, agregados e argamassas.

O Conselho da Autoridade da Concorrência adotou uma decisão de não oposição na operação de concentração 14/2012 – Camargo Corrêa / Cimpor, uma vez que a mesma não é suscetível de criar ou reforçar uma posição dominante da qual possam resultar entraves significativos à concorrência efetiva nos mercados relevantes identificados.

> **Aquisição da Massimo Duti pela Zara**
>
> A Zara Portugal – Confeções Unipessoal, Lda. ("Zara Portugal") e, indiretamente, o Grupo Inditex, notificou a aquisição do controlo exclusivo da Massimo Dutti Portugal – Comércio e Indústria Têxtil, SA ("Massimo Dutti Portugal") e, indiretamente, da sua participada Italco – Moda Italiana, Lda. ("Italco"), mediante a aquisição das ações representativas da totalidade do respetivo capital social.
>
> A Zara Portugal – Confeções Unipessoal, Lda. é uma sociedade ativa no setor da comercialização retalhista de vestuário e têxteis para o lar, que integra o grupo empresarial espanhol Inditex, cuja atividade principal é a da distribuição de artigos de moda, através de cadeias de lojas de várias marcas na área do pronto-a-vestir e têxteis para o lar, tais como "Zara", "Pull&Bear", "Bershka", "Stradivarius", "Oysho", "Kyddy's", "Uterque", "Lefties", "Zara Home" e "Massimo Dutti".
>
> A Massimo Dutti Portugal – Comércio e Indústria Têxtil, SA é uma sociedade ativa no setor da comercialização retalhista de vestuário, que integra o grupo empresarial espanhol Regojo. A aquisição da Massimo Dutti Portugal implica também a aquisição de um controlo exclusivo, indireto, sobre a sua participada de controlo, a sociedade Italco, que assegura a comercialização e gestão operacional das lojas da marca "Massimo Dutti" em Portugal.
>
> O Conselho da Autoridade da Concorrência adotou uma decisão de não oposição na operação de concentração 43/2011 – ZARA Portugal / Massimo Dutti, uma vez que a mesma não é suscetível de criar ou reforçar uma posição dominante da qual possam resultar entraves significativos à concorrência efetiva no mercado da comercialização retalhista de vestuário, que tenha impacto no território nacional ou numa parte substancial deste.

5.8. Os auxílios de Estado
5.8.1. Princípio da incompatibilidade e noção de auxílios de Estado no direito europeu

Ao lado das normas especificamente dirigidas a empresas, o direito da concorrência europeu integra normas aplicáveis a certos comportamentos dos Estados-Membros, suscetíveis de distorcerem a concorrência (arts. 107º a 109º do TFUE).

O princípio fundamental neste domínio é o da incompatibilidade dos auxílios públicos com o mercado interno.

São auxílios públicos as vantagens concedidas – independentemente da sua forma e dos seus fins – pelo Estado (poderes públicos) a certas empresas, inclusive empresas públicas, ou produções existentes no seu território, quando daí resultem distorções da concorrência e afetação das trocas comerciais entre os Estados-Membros (art. 107.º, 1 do TFUE).

Um *auxílio* é, portanto, toda e qualquer vantagem atribuída pelos poderes públicos nacionais a certas empresas, independentemente do seu objetivo e da sua forma, mediante recursos públicos ou sujeitos a controlo público, que afete as trocas no mercado interno ou provoque distorções na concorrência.

Um auxílio deve constituir uma vantagem para as empresas que não advém do livre jogo do mercado. É ainda necessário que essas medidas sejam seletivas, isto é, que favoreçam especificamente certas empresas ou produções (setores produtivos) em detrimento de outras.

São exemplos de auxílios públicos, entre outros, os subsídios, os empréstimos, as compensações desproporcionadas por encargos impostos pelo Estado, as tarifas preferenciais, as isenções ou reduções fiscais, as garantias públicas ou os investimentos de capital.

O princípio da incompatibilidade dos auxílios públicos implica que as autoridades nacionais sejam obrigadas a notificar previamente os projetos ou regimes de auxílios à Comissão Europeia, sob pena da sua ilegalidade.

Acórdão do Tribunal (Sexta Secção) de 19 de maio de 1999
República Italiana contra Comissão das Comunidades Europeias
Auxílio de Estado – Conceito – Crédito fiscal – Recuperação – Impossibilidade absoluta
Processo C-6/97

O conceito de auxílio, na aceção do artigo 92º, 1, do Tratado CE (atual art. 107º do TFUE), abrange não só prestações positivas, como as subvenções, mas também intervenções que, sob formas diversas, aliviam os encargos que normalmente oneram o orçamento de uma empresa e que, não sendo subvenções na aceção estrita da palavra, têm a mesma natureza e efeitos idênticos.

Uma medida através da qual as autoridades públicas atribuem a certas empresas isenções fiscais que, não implicando embora transferência de recursos de Estado, colocam os beneficiários numa situação mais favorável que a dos outros contribuintes, constitui um auxílio de Estado na aceção do nº. 1 do artigo 92º do Tratado CE (atual art. 107º do TFUE).

Um sistema de crédito fiscal a favor dos transportadores rodoviários de mercadorias nacionais de um Estado-Membro tem efeitos negativos para os concorrentes dos

> beneficiários, a saber, os transportadores rodoviários estabelecidos noutros Estados-Membros, quer por conta própria, quer por conta de outrem, na medida em que, mesmo se a legislação do Estado-Membro em causa prevê a concessão de uma compensação a estes transportadores, estes não podem, na ausência de disposições precisando as modalidades de concessão desta compensação, invocar com êxito o direito a tal compensação.
>
> Embora se admita que um Estado-Membro possa invocar a impossibilidade absoluta de executar corretamente uma decisão comunitária que lhe impõe a recuperação de um auxílio ilícito, esta condição não está contudo preenchida quando o Estado-Membro em causa se limita a invocar as dificuldades jurídicas ou práticas que a execução da decisão apresenta, sem efetuar qualquer espécie de diligência junto das empresas em causa para recuperar o auxílio.

5.8.2. As exceções ao princípio da incompatibilidade dos auxílios de Estado no direito europeu

O princípio da incompatibilidade dos auxílios públicos admite dois tipos de exceções ou derrogações: as *derrogações automáticas e as facultativas*.

As *derrogações automáticas* estão previstas no nº 2 do artº 107º do TFUE e correspondem:

- Aos auxílios de natureza social atribuídos a consumidores individuais com a condição de serem conferidos sem qualquer discriminação relacionada com a origem dos produtos. Seria o caso, por exemplo, de um auxílio destinado a promover o aumento do consumo de leite pela população, e que é concedido através de um desconto no preço final do pacote de leite. O valor do desconto seria suportado pelo Estado através de um subsídio entregue a empresas que produzem ou comercializam leite. Estes auxílios não são assim, pelo menos de forma direta, auxílios a empresas, mas a consumidores e por isso não distorcem a concorrência;
- Aos auxílios destinados a remediar os danos causados por calamidades naturais ou por outros acontecimentos extraordinários. Podendo ser auxílios a empresas, visam de facto repor as condições de concorrência afetadas por eventos anormais e não alterá-las.

As *derrogações de natureza facultativa* (na realidade as verdadeiras exceções) estão previstas no nº 3 do art. 107º do TFUE e são concedidas caso a caso pela Comissão (ou pelo Conselho, no caso do nº 2 do art. 108º do TFUE). Para que tal possa acontecer num caso individual, o auxílio tem de ser previamente notificado às autoridades europeias. Mais uma vez, trata-se de casos que refletem o sistema de concorrência meio, ou seja, um sistema em que a concretização de outras políticas de desenvolvimento económico, social ou cultural justificam restrições à concorrência.

> *Autorização de um auxílio de Estado à empresa comum Ford-Volkswagen*
>
> A Comissão aprovou uma proposta do Governo português para atribuir um auxílio no valor de 97 mil milhões de escudos às sociedades Ford Motor Company e Volkswagen AG com o objetivo de instalarem uma fábrica em Setúbal para a produção de veículos monovolume. O auxílio representava cerca de 30% do valor do investimento previsto e concretizava-se num auxílio direto e numa isenção temporária de impostos sobre os lucros (IRC).
> Ao aprovar o auxílio, a Comissão teve em conta que a fábrica seria instalada numa das regiões então menos desenvolvidas da Europa; que o impacto económico previsto no seu desenvolvimento era grande, o mesmo acontecendo com o volume de emprego criado; que tal investimento facilitaria a integração de Portugal no mercado comunitário de veículos automóveis e respetivas componentes; que a fábrica teria custos adicionais de distribuição tendo em conta a sua instalação periférica relativamente aos principais pontos de venda; que o projeto incidia num mercado em crescimento.
> Justificava-se portanto a concessão do auxílio, o qual não era suscetível de conferir às empresas em questão vantagens desproporcionadas do ponto de vista da concorrência.

5.8.3. Os auxílios públicos no direito português

A LdC refere no art. 65º que os auxílios a empresas concedidos pelo Estado ou qualquer outro ente público não devem restringir, distorcer ou afetar de forma sensível a concorrência no todo ou em parte do mercado nacional.

Cabe à Autoridade da Concorrência analisar esses auxílios e fazer recomendações ao Governo, tendo em vista eliminar os efeitos negativos na concorrência.

Como bem se entenderá, a importância desta disposição é menor do que a das suas equivalentes no TFUE. No direito da UE, tais disposições visam essencialmente evitar que, através de auxílios públicos, se favoreçam as empresas nacionais em detrimento das suas congéneres de outros Estados-Membros, criando desse modo "barreiras" ao comércio na UE. No direito português, o art. 65º da LdC apenas autoriza a Autoridade da Concorrência a emitir recomendações ao Governo.

Bibliografia

CAUPERS, João (2009), *Introdução ao Direito Administrativo*, 10ª ed. Lisboa: Âncora Editora.

CONFRARIA, João (2011), *Regulação e Concorrência*, Lisboa: Universidade Católica Ed..

DIAS, José Eduardo Figueiredo e OLIVEIRA, Fernanda Paula (2010), *Noções Fundamentais de Direito Administrativo*, 2ª ed.. Coimbra: Almedina.

FERREIRA, Eduardo Paz e REBELO, Marta (2003), O Novo Regime Jurídico das Parcerias Público-Privadas, *Revista de Direito Público da Economia*, Belo Horizonte, v. 1, n. 4, Out. 2003, p. 63-73.

MARQUES, Maria Manuel Leitão e MOREIRA, Vital (1999), Desintervenção do Estado, privatização e regulação de serviços públicos, *Economia e Prospetiva*, vol. II, nº 3 / 4.

MARQUES, Maria Manuel Leitão; OLIVEIRA, Fernanda Paula; GUEDES, Ana Cláudia; RAFEIRO, Mariana (2012), *Licenciamento Zero. Regime jurídico comentado*. Coimbra: Almedina.

MOREIRA, Vital (1997), *Autorregulação Profissional e Administração Pública*. Coimbra: Almedina.

SANTOS, António Carlos, GONÇALVES, Maria Eduarda, MARQUES, Maria Manuel Leitão (2011), *Direito Económico*, 6ª ed.. Coimbra: Almedina.

Capítulo 8
A tutela dos direitos e a resolução de litígios

João Pedroso

1. As formas de tutela dos direitos

Em regra, as relações das pessoas em sociedade são de convivência e de paz. Os homens, as mulheres e as pessoas coletivas cooperam entre si e em conformidade com o direito, pautando os seus comportamentos pela prática de *atos lícitos*.

Contudo, como se referiu no Capítulo 1, o conflito é uma realidade presente nas nossas sociedades. O conflito existe quando alguém invoca a defesa dos seus direitos ou dos seus interesses legítimos perante outrem que se recusa a cumprir os respetivos deveres. Os conflitos podem surgir entre particulares (pessoas singulares e coletivas) ou entre estes e o Estado.

Nas sociedades contemporâneas, a regra é a da proibição da vingança e da justiça privadas. De harmonia com o art. 1º, 1 do CPC, «a ninguém é lícito o recurso à força com o fim de realizar ou assegurar o próprio direito, salvo nos casos e dentro dos limites declarados na lei».

A tutela dos direitos e a resolução de litígios é uma função exercida pelo Estado para tornar efetivos os direitos[1].

---

[1] Neste texto usamos os conceitos conflitos e litígios com um significado análogo, mas há a considerar que os litígios são a realidade prática e concreta dos conflitos que podem em muitas situações serem só conflitos potenciais e não se transformarem em litígios.

A *tutela pública dos direitos* consiste, portanto, numa garantia dos direitos subjetivos e na defesa dos interesses legítimos asseguradas pelo Estado através da ação da Administração pública e dos tribunais judiciais.

No entanto, essa função de tornar efetivos os direitos, ou seja, de assegurar a sua tutela, não é privativa do Estado. Em certas circunstâncias, quando a lei o permite, as próprias pessoas podem defender os seus direitos e autocompor os seus litígios. Fala-se, nestes casos, em *tutela privada dos direitos*.

A garantia e defesa dos direitos e dos interesses legítimos, bem como a consequente resolução dos litígios de pessoas entre si ou com o Estado podem, por isso, ser conseguidas através de diferentes formas de tutela.

Os meios de garantia e defesa dos direitos e dos interesses legítimos de uma pessoa não se esgotam, assim, na ação dos tribunais judiciais, embora estes continuem a desempenhar um papel central e fundamental na tutela dos direitos. O sistema de resolução de litígios no século XXI conta, assim, com uma pluralidade de meios judiciais e não judiciais de resolução de litígios de natureza pública, privada ou mista (formas de colaboração entre o Estado e a sociedade). Mostraremos em que consiste e como se concretiza cada uma destas formas de tutela dos direitos.

2. A tutela privada dos direitos

Embora não seja admissível a "vingança privada", a lei permite em certas circunstâncias às pessoas singulares e às pessoas coletivas privadas a defesa dos seus próprios direitos e a autorregulação dos seus comportamentos, por si próprias ou recorrendo à ajuda de uma terceira parte. No entanto, o direito não permite a tutela privada de todos os litígios. Esta não é possível quando estejam em causa direitos indisponíveis ou irrenunciáveis em que a lei, de modo imperativo, por razões de ordem e interesse públicos, não permite às pessoas prescindir desses direitos como, por exemplo, o direito a casar, o direito de um trabalhador a ter férias, que são, assim, direitos irrenunciáveis de modo definitivo e em abstrato.

    a) As situações mais relevantes de tutela privada exercida pelo próprio previstas na lei – a denominada *autotutela* – são a *ação direta* (art. 336º do CC), a *legítima defesa* (art. 337º do CC), o *direito de necessidade* (art. 339º do CC), o *direito de retenção* (art. 754º do CC) e o *direito de resolução de um contrato por incumprimento* (arts. 432º e 801º, 2 do CC).

Uma pessoa pode excecionalmente impor um comportamento à outra, como sucede no direito de resolver um contrato e assim lhe pôr fim unilateralmente por incumprimento da contraparte. Uma pessoa pode também usar a sua própria força para por exemplo evitar que um cliente lhe destrua uma montra quando seja impossível recorrer aos meios coercivos normais – chamar a polícia em tempo útil – com o fim de assegurar o seu direito e evitar, na prática, a sua inutilização.

b) Para além destas situações em que as pessoas resolvem por elas próprias os seus litígios, existem outras formas privadas de os resolver *recorrendo a uma terceira parte*. Pode tratar-se de um familiar ou vizinho respeitado, de uma associação ou de um profissional (um advogado, um terapeuta, um padre, um assistente social, um médico, um professor, um conselheiro de consumo) cuja função é a de ajudar as partes a encontrar uma solução para resolver o litígio, sendo essa pessoa legitimada pelas partes para esse efeito. No mundo rural, por exemplo, é frequente as partes em litígio escolherem uma pessoa (conhecida pelo nome de louvado) para avaliar bens, ajudar nas partilhas e resolver questões de terra (demarcar os limites de um terreno, fazer avaliações).

A *conciliação* e a *mediação* são também exemplos de formas de tutela privada com o apoio de uma terceira parte, mas mais formalizadas. As partes recorrem a conciliadores ou a mediadores para as ajudar a encontrar uma forma de entendimento, sem que estes possam tomar ou impor decisões. Unicamente podem certificar o acordo de resolução do litígio encontrado pelas partes. A diferença entre a mediação e a conciliação consiste em que os mediadores facilitam a comunicação entre as partes e não interferem na negociação, enquanto os conciliadores interferem na negociação, fazendo propostas de modo a obter o acordo na resolução do litígio.

Em Portugal, existem sistemas de mediação para conflitos familiares e para conflitos laborais[2].

---

[2] A mediação penal foi também consagrada na Lei nº 21/2007, de 12 de junho, em conformidade com o art. 10º, da Decisão-Quadro nº 2001/220/JAI, do Conselho de Ministros da União Europeia, embora não tenha ainda grande relevância prática.

A *mediação familiar* serve designadamente para resolver situações de regulação de responsabilidades parentais, fixação de alimentos a maiores ou menores ou, ainda, atribuição da casa de morada de família. A título de exemplo, refira-se um casal separado que, com a ajuda da mediação familiar, consegue outorgar, por consenso, um acordo de regulação das responsabilidades parentais do filho, estabelecendo quem fica com a sua guarda e com quem fica a residir, os períodos de visitas do progenitor que não tem a guarda, a divisão das férias e de outros dias festivos e o valor da pensão de alimentos. A *mediação laboral* serve para resolver litígios laborais surgidos no âmbito do contrato individual de trabalho relativamente a matérias que não constituam direitos indisponíveis dos trabalhadores – por exemplo, a lei não permite a renúncia ao direito a férias ou ao direito à greve – como salários em dívida aos trabalhadores, promoções, categorias profissionais ou mudança de local de trabalho. O trabalhador e a entidade empregadora com a ajuda do mediador acordam, por exemplo, que aquele tem direito a uma outra categoria profissional, a que correspondem outras funções, com um salário mais elevado.

c) O meio mais formalizado de tutela privada de direitos com recurso a uma terceira parte igualmente privada é a *arbitragem*. Os tribunais arbitrais consistem numa instância não estadual, escolhida pelos litigantes (*arbitragem voluntária*) ou prevista por lei como de uso obrigatório (*arbitragem necessária*), com poder e competência para proferir uma decisão adjudicatória, ou seja, uma decisão que vincula e pode ser imposta às partes[3]. A arbitragem pode ser *ad-hoc* (tribunal arbitral constituído para cada litígio) ou *institucional*, quando exercida em centros privados institucionais reconhecidos pelo Estado (Ministério da Justiça)[4].

---

[3] A arbitragem voluntária encontra-se prevista na lei da arbitragem voluntária – atualmente a Lei nº 63/2011, de 14 de dezembro – para qualquer litígio respeitante a interesses de natureza patrimonial ou não patrimonial, desde que as partes possam legalmente celebrar transações sobre o direito controvertido.

[4] A arbitragem institucional – e os seus Centros – foi criada pelo DL nº 425/86, de 27 de dezembro. O DL nº 60/2011, de 6 de maio, por sua vez, criou a Rede Nacional de Centros de Arbitragem Institucionalizada (RNCAI), para que estes possam ser agregados numa mesma lógica de funcionamento e atuem de forma integrada enquanto meios de RAL.

No mundo dos negócios e designadamente no mundo dos negócios internacionais (por exemplo, decidir se a mercadoria exportada está de acordo com a encomenda inicial), as partes em conflito recorrem a terceiras partes imparciais para dirimir os seus litígios, o que constitui a arbitragem *ad-hoc*, ou à arbitragem comercial institucional nacional privada (por exemplo, Centro de Arbitragem da Câmara de Comércio e Indústria de Lisboa) ou transnacional privada da ICC (*International Chamber of Commerce*, com o seu Tribunal Arbitral de Paris).

3. A tutela dos direitos exercida através de parcerias entre o Estado e a sociedade

As formas de parceria entre o Estado e a sociedade civil para a resolução de litígios são essencialmente relevantes, no caso português, nas áreas da proteção dos direitos dos consumidores e da promoção e proteção dos direitos das crianças.

Por exemplo, os Centros de Arbitragem de Conflitos de Consumo resultam de uma parceria entre o Estado, associações de consumidores e associações de comerciantes e de produtores. Por sua vez, as Comissões de Proteção das Crianças e Jovens em Perigo (CPCJ) envolvem o Estado, as associações de pais e as de promoção dos direitos das crianças e as denominadas instituições particulares de solidariedade social[5]. As CPCJ intervêm unicamente com consentimento dos pais, dos representantes legais ou dos detentores da guarda de facto das crianças. Deliberam em conformidade com a lei, com imparcialidade e independência, com vista a promover os direitos da criança e a prevenir ou pôr termo a situações de perigo para a criança que afetem a sua segurança, saúde, formação, educação ou desenvolvimento integral, como acontece nos casos de abandono, maus tratos físicos ou psicológicos, abusos sexuais, negligência e trabalho excessivo ou inadequado à idade.

4. A tutela pública dos direitos

A tutela pública dos direitos corresponde, como se referiu, à ação do Estado para garantir e defender os direitos ou interesses legítimos de uma parte, de modo a tornar efetivo o Direito.

---

[5] As Comissões de Proteção deCrianças e Jovens (CPCJ) resultam da transformação das antigas Comissões de Proteção de Menores (CPM) e encontram-se previstas na Lei de promoção dos direitos e proteção das crianças em perigo – Lei nº 147/99, de 1 de setembro.

O aparelho de coerção do Estado é constituído pelos serviços da Administração pública e pelos tribunais judiciais.

Tanto a administração como os tribunais, atendendo ao momento da ação e à forma como se pretende tornar o direito efetivo, podem atuar antes da violação das normas, procurando evitá-la – *tutela preventiva* –, ou após essa violação – *tutela repressiva* (reconhecer o direito desrespeitado e condenar na sua reparação) e tutela *compulsória* (impedir que a violação do direito se prolongue).

a) *Tutela preventiva*

A tutela preventiva visa impedir a violação do direito, evitando-a, dificultando-a ou tornando-a inconveniente ou impossível (Justo, 2011:167-169). O campo de atuação da tutela preventiva é muito amplo e variado.

Neste âmbito, tem grande importância a intervenção da autoridade pública que *fiscaliza, limita, condiciona e sujeita a autorização prévia o exercício de certas atividades*, para evitar danos ambientais ou nas pessoas, o que constitui designadamente a função das várias polícias e inspeções públicas, como a Autoridade de Segurança Alimentar e Económica (ASAE). A ASAE é um órgão de polícia criminal e de inspeção especializada na área da segurança alimentar e da fiscalização económica, a quem cabe designadamente prevenir os riscos na cadeia alimentar como a venda ilegal de bens alimentares deteriorados[6].

São ainda medidas de tutela preventiva as que *proíbem o exercício de atividades ou profissões* (penas e sanções acessórias) aos que tenham sido condenados por certos crimes ou infrações. É o caso, por exemplo, de um funcionário público proibido de exercer a sua atividade durante um período de tempo, por ter praticado, no decurso das suas funções, um crime com pena de prisão superior a 3 anos (art. 66º do Código Penal). Igualmente a violação da proibição de conduzir veículos automóveis, em excesso de velocidade face ao legalmente permitido (por exemplo, mais de 120 KM/hora nas autoestradas) pode ter como consequência a aplicação ao infrator da medida acessória de inibição de conduzir veículos automóveis durante um determinado período[7].

---

[6] A ASAE foi criada pelo DL nº 274/2007, de 30 de julho.
[7] Cfr. arts. 27º, 146º e 147º do Código da Estrada.

Por último, constituem um meio de tutela preventiva os *procedimentos cautelares* (art. 382º do CPC) que, dado o seu caráter de urgência, procuram evitar que se produza uma lesão grave e dificilmente reparável de um direito, enquanto não houver uma sentença definitiva numa ação judicial proposta ou a instaurar por quem se arroga titular desse direito[8]. A título de exemplo atentemos nos procedimentos cautelares de arrolamento e de arresto. Assim, o cônjuge que se separa e sabe que o outro cônjuge vai "esconder" os bens comuns do casal pode prevenir e evitar essa situação através da instauração de um procedimento cautelar especial de arrolamento (427º do CPC) com a consequente descrição e inventariação dos bens. Ou o credor que tenha justificado receio de perder a garantia patrimonial do seu crédito, dado que o devedor pretendia transferir todos os seus bens para o estrangeiro, pode requerer o arresto de bens do devedor, o que consiste numa apreensão judicial desses bens (art. 406º do CPC) que, depois de apreendidos, passam a garantir o direito de crédito do credor.

b) A tutela repressiva

O art. 2º, 2 do CPC prevê também a tutela repressiva ao consagrar que «a todo o direito (...) corresponde a ação adequada a fazê-lo reconhecer em juízo, reparar a violação dele e a realizá-lo coercivamente, bem como os procedimentos necessários para acautelar o efeito útil da ação».

Aquele que se considerar lesado nos seus direitos pode solicitar à Administração pública ou aos tribunais, através de procedimentos administrativos ou processos judiciais, conforme as situações, que ao infrator sejam aplicadas sanções jurídicas, como a nulidade, a anulabilidade ou a ineficácia da declaração de vontade ou do negócio jurídico. O lesado, quando tal seja legalmente possível, tem também o direito a pedir que sejam aplicadas ao infrator sanções materiais de cumprimento coativo ou, na sua impossibilidade, a reintegração do estado de coisas que se verificaria se não houvesse a violação da norma. E se a reintegração não for possível o lesado tem, ainda, direito à sua reparação por danos através de uma indemnização.

---

[8] O art. 381º, 1 do CPC, prevê que sempre que alguém mostre fundado receio de que outrem cause lesão grave e dificilmente reparável ao seu direito, pode requerer a providência, conservatória ou antecipatória, concretamente adequada a assegurar a efetividade do direito ameaçado.

c) Tutela compulsória

A tutela compulsória compreende as medidas que visam obrigar o infrator a pôr termo a um comportamento que viola uma norma jurídica.

É exemplo deste tipo de tutela a sanção prevista no art. 829º-A, 4 do CC, que consagra a obrigação de um devedor pagar uma taxa de juros suplementar de 5% desde a data em que transite em julgado, ou seja, quando já não seja possível recurso da decisão judicial, a sentença de condenação no pagamento de uma dada quantia, até ao seu integral pagamento.

5. O aparelho de coação do Estado
5.1. A Administração pública e o poder judicial

Num Estado de direito, a defesa dos direitos e o cumprimento dos deveres é uma função central, embora não exclusiva, do aparelho de coação do Estado. Deste aparelho fazem parte, como se disse, a Administração pública e os tribunais judiciais, constituindo estes o poder judicial.

À administração cabe realizar os vários fins do Estado através dos seus diferentes serviços e órgãos. Entre esses fins salientamos a manutenção da paz pública através da ação das polícias e das inspeções do Estado, o que constitui, como referimos, uma forma de tutela preventiva.

Os tribunais são um poder independente que administra a justiça em nome do povo e que reserva para si o direito exclusivo de punir criminalmente. São, por excelência, a instância de salvaguarda dos direitos e interesses legítimos das pessoas jurídicas, merecendo, por isso, uma referência especial no estudo da tutela dos direitos.

5.2. A função jurisdicional

Aos tribunais judiciais, enquanto órgãos de soberania, compete o exercício da função jurisdicional do Estado que se traduz na aplicação da Constituição e da lei, de modo a dirimir conflitos.

A *função jurisdicional* é a atividade da administração da justiça pelos tribunais (art. 202º da CRP) em diversas matérias (constitucional, financeira, civil, criminal, administrativa, fiscal, militar, comercial, marítima, de propriedade intelectual ou industrial). Engloba não só a declaração de reconhecimento do direito pelos tribunais, nos casos que lhe são submetidos (por exemplo, a declaração de que um determinado direito de crédito existe), mas também a execução das suas decisões (por exemplo, a decisão de penhorar o salário do devedor para pagamento da dívida referente àquele direito de crédito).

Em sentido amplo, nos termos da CRP, os tribunais incluem, além dos tribunais judiciais, os tribunais arbitrais já referidos anteriormente, e os julgados de paz (Cura, 2011: 15). Os julgados de paz (Lei nº 78/2001, de 13 de julho) têm competência em matérias de direito civil, com exceção das de direito de família, de sucessões e de trabalho, até ao valor de 5000€ (por exemplo, cumprimento de um contrato; servidão de passagem por um terreno para um outro terreno; cobrança de rendas em dívida num contrato de arrendamento, etc.).

Em sentido estrito, quando falamos de tribunais temos apenas em conta os tribunais judiciais estaduais que administram a justiça em nome do povo e têm a seu cargo a função jurisdicional (art. 202º da CRP).

No desempenho desta função de soberania, os tribunais judiciais estruturam-se e obedecem aos seguintes princípios (Justo, 2011: 170-172):

i) *Independência* – os juízes não estão sujeitos a ordens, instruções ou diretivas de qualquer órgão de soberania ou da administração mesmo que judicial;

ii) *Legalidade* – os juízes decidem de acordo e em obediência à lei, incluindo a lei constitucional, salvo quando esta permite que as decisões sejam tomadas de acordo com a equidade, como nos processos de jurisdição voluntária relativamente à promoção e defesa dos direitos das crianças;

iii) *Imparcialidade* – os juízes julgam de forma livre, descomprometidos dos interesses dos litigantes e sem qualquer interesse no sentido final da sua decisão;

iv) *Obrigatoriedade e prevalência das decisões* – as decisões dos tribunais são obrigatórias e prevalecem, no âmbito da sua competência, sobre as de quaisquer órgãos de soberania ou da Administração pública;

v) *Passividade* – os juízes não podem resolver definitivamente os conflitos de interesse que uma ação judicial pressupõe, sem que uma das partes o tenha pedido e a parte contrária tenha sido chamada a exercer o contraditório.

5.3. A organização judiciária em Portugal

Na CRP (art. 209º), para além do Tribunal Constitucional e do Tribunal de Contas, ambos já apresentados no Capítulo 2, existem essencialmente duas categorias de tribunais estaduais judiciais: os tribunais judiciais ou tribunais comuns e os tribunais administrativos e fiscais, organizados em diferentes instâncias como se pode ver na Figura1[9].

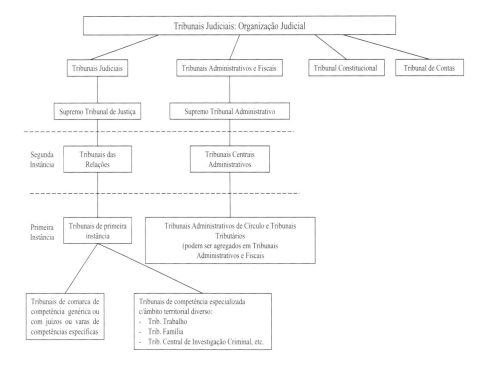

Figura 1 – Tribunais Judiciais

a) Os tribunais judiciais (comuns)

Os tribunais judiciais estruturam-se de modo hierárquico, tendo em consideração a possibilidade de interposição de recursos dos tribunais de grau inferior para os tribunais de grau superior[10]. Assim, numa análise da base para o topo, temos, em síntese, os seguintes tribunais judiciais:

[9] A CRP prevê no art. 209º, 4, a existência de Tribunais Militares, mas em tempo de paz o julgamento dos "crimes estritamente militares" é da competência dos Tribunais Judiciais (art 109º e 110º do Código de Justiça Militar).

[10] O recurso só é possível, em regra, de uma decisão proferida em ação cujo valor exceda a alçada do Tribunal de que se recorre. A alçada é um valor fixado por lei dentro do qual é inadmissível, em princípio, o recurso ordinário. Só é possível recorrer se o valor processual da ação ultrapassar o valor da alçada do Tribunal de que se recorre – art. 678º do CPC.

i) Tribunais de primeira instância – são os tribunais mais próximos das pessoas e são, em regra, tribunais de comarca. A comarca é a unidade territorial "tradicional" de administração da justiça em Portugal, normalmente próxima dos concelhos, mas nem sempre coincidente com os limites administrativos dos mesmos.

Os tribunais de primeira instância podem ser tribunais de comarca de *competência genérica* ou de *competência específica*, nas comarcas de maior dimensão (por exemplo, um juízo ou uma vara cível e um juízo ou uma vara criminal), ou tribunais de *competência especializada* (por exemplo, tribunais de família e menores; tribunais de trabalho, etc.) que, em regra, abrangem uma área territorial superior à da comarca.

ii) Os tribunais de segunda instância denominam-se *Tribunais da Relação*, estando atualmente localizados em Guimarães, Porto, Coimbra, Lisboa e Évora.

iii) E o *Supremo Tribunal de Justiça*, como instância superior dos tribunais comuns.

A competência dos tribunais judiciais, na primeira instância, depende da *matéria* e do *território*.

A natureza do conflito, ou seja, a matéria determina a competência de um tribunal, pelo que uma ação para efetivar um direito de um trabalhador corre num tribunal do trabalho ou uma ação de divórcio sem consentimento corre os seus termos num tribunal de família e menores, salvo se não houver jurisdição especializada que abranja essa comarca, situação em que essas ações serão tramitadas no tribunal de comarca de competência genérica.

A lei estabelece ainda critérios de competência *territorial*. Uma ação relativa a acidente de viação será tramitada na comarca onde se localiza a estrada onde ocorreu o sinistro (art. 74º, 2 do CPC), enquanto uma ação relativa à propriedade de bens imóveis terá lugar na comarca onde os bens se situam (art 73º, 1 do CPC) e uma ação de cobrança de dívida será tramitada na comarca do domicílio do devedor (art. 74º, 1 do CPC).

b) Os tribunais administrativos e fiscais

Os tribunais administrativos e fiscais formam, igualmente, uma hierarquia. Da base para o topo temos:

i) *Tribunais Administrativos de Círculo* e *Tribunais Tributários*, que têm sede em Almada, Aveiro, Beja, Braga, Castelo Branco, Coimbra, Funchal, Leiria, Lisboa, Loulé, Mirandela, Penafiel, Ponta Delgada, Porto, Sintra e Viseu, e podem ser agregados (tomando nesse caso, cada um deles, a designação de tribunal administrativo e fiscal), o que acontece com todos, à exceção dos de Lisboa.

ii) *Tribunais Centrais Administrativos* – Tribunal Central Administrativo do Norte, com sede no Porto, e o Tribunal Central Administrativo do Sul, com sede em Lisboa;

iii) E o *Supremo Tribunal Administrativo*, com sede em Lisboa, que é o órgão superior dessa hierarquia.

5.4. Os tribunais extranacionais

A função jurisdicional pode ainda ser exercida por tribunais extranacionais a cuja jurisdição Portugal esteja vinculado.

Os tribunais extranacionais têm a competência estrita que lhes seja atribuída nos instrumentos jurídicos internacionais – convenções e tratados internacionais – que os criaram e vinculam unicamente os Estados (e as pessoas nacionais ou residentes nesses Estados) que assinaram essas convenções ou tratados internacionais.

Portugal está vinculado aos seguintes tribunais extranacionais:

1. *Tribunal de Justiça da União Europeia,* atualmente composto por três instâncias – o Tribunal Geral, o Tribunal de Justiça e o Tribunal da Função Pública – com competência para conhecer dos litígios relativos aos órgãos e ao direito da União Europeia (cfr. Capítulo 3).

2. *Tribunal Europeu dos Direitos do Homem* criado pela Convenção Europeia de salvaguarda dos direitos do homem e das liberdades fundamentais ou, como é mais conhecida, pela Convenção Europeia dos Direitos Humanos, assinada em 4 de novembro de 1950, no âmbito do Conselho da Europa, e ratificada por Portugal em 1978;

3. *Tribunal Penal Internacional*, criado pela Convenção de Roma de 18 de julho de 1998, enquanto tribunal permanente destinado a proteger os direitos humanos. Este tribunal é competente para julgar os crimes de genocídio, os crimes contra a humanidade e os crimes de guerra.

4. *Tribunal Internacional de Justiça,* criado no âmbito da ONU e com jurisdição sobre todos os Estados-membros e não membros que adiram ao Estatuto do Tribunal.

6. As garantias dos particulares perante a Administração pública

Como referimos no início deste capítulo, a tutela dos direitos permite não apenas dirimir conflitos entre particulares, mas também entre estes e o Estado. Neste caso, essa tutela pode ser de (a) natureza administrativa ou (b) jurisdicional.

a) As *garantias administrativas* são os meios criados pela ordem jurídica para evitar ou sancionar a violação de direitos ou interesses legítimos dos particulares pela Administração pública. Constituem um importante pilar de um Estado de direito democrático.

Estas garantias repartem-se em três grandes grupos: as *garantias petitórias,* as *garantias impugnatórias* e a *queixa ao Provedor de Justiça* (Justo, 2011: 175-178).

As *garantias petitórias* visam prevenir a lesão de direitos ou interesses legalmente protegidos das pessoas singulares ou coletivas. Nelas se incluem o *direito de petição* à Administração pública para que tome determinadas decisões ou providências como, por exemplo, colocar iluminação elétrica pública numa determinada localidade (art. 52º, nº 1 e 2, do CRP e Lei nº 43º/90, de 10 de agosto)[11]; o *direito de exposição* a um órgão da Administração pública pedindo a revisão de um ato administrativo como, por exemplo, um pedido de revisão da decisão de os bares fecharem às 22h (art. 52º, 1 CRP e art. 2º, 2 da Lei nº 43/90); o *direito de queixa,* ou seja, a faculdade de denunciar uma ilegalidade ou o funcionamento anómalo de qualquer serviço como, por exemplo, a denúncia de um funcionário que cobrou uma taxa que não está prevista na lei (art. 52º, 1 da CRP e art. 2º, 4 da Lei nº 43/90); o *direito de oposição* a uma decisão administrativa como, por exemplo, a oposição a que um prédio cuja construção foi autorizada pela administração seja edificado parcialmente em propriedade do oponente (arts. 55º, 59º e 171º do CPA); o *direito de ser ouvido em audiência prévia,* ou seja, a faculdade de o destinatário de um ato ou

---

[11] Lei nº 43º/90, de 10 de agosto alterada pelas Leis nº 6/93, de 1 de março, 15/2003, de 4 de junho e 45/2007, de 24 de agosto, que a republicou em anexo.

decisão da administração que lhe seja desfavorável ser ouvido antes da prática desse ato ou decisão (art. 100º do CPA).

As *garantias impugnatórias* são os meios que os particulares podem utilizar para atacar um ato administrativo perante os órgãos da Administração pública. Compreendem a *reclamação*, isto é, a faculdade de pedir a reapreciação de um ato administrativo com o fundamento em ilegalidade ou inconveniência do ato (por exemplo, a decisão de demolição de um muro) (arts. 158º, 2, a) e 159º do CPA); o *recurso hierárquico*, ou seja, a faculdade e o meio de pedir ao superior hierárquico do órgão que praticou o ato administrativo (por exemplo, a recusa de licenciamento da obra) que o revogue ou o modifique (arts. 158º, 2, b); 159º e 167º, do CPA); e o *recurso tutelar*, ou seja, a faculdade e o meio de impugnar um ato administrativo praticado por um órgão de uma pessoa coletiva pública perante outro órgão do Estado que sobre aquele exerça poderes de tutela ou de superintendência, como acontece em matéria de urbanismo quando é possível recorrer de decisões das câmaras municipais para o governo (art. 177º do CPA).

Por último, a *queixa ao Provedor de Justiça* visa que esta alta autoridade recomende ao Governo e à Administração pública que determinadas ações ou omissões dos poderes públicos, por serem inconstitucionais ou ilegais, sejam supridas (art. 23º, da CRP; Estatuto do Provedor de Justiça aprovado pela Lei nº 9/91, de 9 de abril, alterada pela Lei nº 30º/96 de 14 de agosto e pela Lei nº 52-A/2005, de 10 de outubro).

b) Por sua vez, *a tutela jurisdicional* de atos da Administração pública exerce-se através dos tribunais administrativos e fiscais já referidos e compreende o "direito de obter, em prazo razoável, uma decisão judicial que aprecie, com força de caso julgado, cada pretensão regularmente deduzida em juízo, bem como a possibilidade de fazer executar e obter as providências cautelares, antecipatórias ou conservatórias, destinadas a assegurar o efeito útil da decisão" (art. 2º, 1 do CPTA).

> **O QUE NÃO DEVE ESQUECER**
> ▶ A tutela privada, pública e em parceria dos direitos
> ▶ A função jurisdicional
> ▶ A organização judiciária
> ▶ As garantias dos particulares perante os atos da Administração pública

Bibliografia

CURA, António Alberto Vieira (2011), *Curso de Organização Judiciária*. Coimbra: Coimbra Editora.

JUSTO, A. Santos (2011), *Introdução ao Estudo do Direito*, 5ª ed. Coimbra: Coimbra Editora.

NOTAS BIOGRÁFICAS DOS AUTORES

MARIA MANUEL LEITÃO MARQUES
Licenciada em direito pela Faculdade de Direito da Universidade de Coimbra. Doutorada em economia pela Faculdade de Economia da Universidade de Coimbra. Professora Catedrática da Faculdade de Economia da Universidade de Coimbra. Investigadora do Centro de Estudos Sociais. Vice-Presidente da *Association Internationale de Droit Économique*. Secretária de Estado da Modernização Administrativa (2007-2011). Professora Convidada da Faculdade de Direito da Universidade Nova de Lisboa (2001-2005).

CATARINA FRADE
Licenciada em Direito pela Faculdade de Direito da Universidade de Coimbra. Doutorada em economia pela Faculdade de Economia da Universidade de Coimbra. Professora auxiliar da Faculdade de Economia da Universidade de Coimbra. Investigadora do Centro de Estudos Sociais. Coordenadora do Observatório do Endividamento dos Consumidores (2001-2010).

MARIA ELISABETE RAMOS
Licenciada em Direito pela Faculdade de Direito da Universidade de Coimbra. Doutorada em Direito pela mesma Faculdade. Professora Auxiliar da Faculdade de Economia de Coimbra. Co-Coordenadora do Mestrado em Contabilidade e Finanças da Faculdade de Economia de Coimbra. Membro do Conselho Científico da AIDA – *Association Internationale de Droit des Assurances* (Portugal), do *Consejo Científico Asesor de las Jornadas sobre Responsabilidad Social Transfronteriza* (Santiago de Compostela) e do Conselho Científico do Centro de Estudos Interculturais (Porto). Investigadora do Centro de Estudos Cooperativos e da Economia Social (Coimbra).

JOÃO PEDROSO
Licenciado em Direito pela Faculdade de Direito da Universidade de Coimbra. Mestre em Sociologia do Direito, do Estado e da Administração pela Faculdade de Economia da Universidade de Coimbra. Assistente da Faculdade de Economia da Universidade de Coimbra. Investigador do Centro de Estudos Sociais. Advogado.